pauker.

Abschluss 2011
Hauptschule Hessen

◢ **Name:**

◢ **Straße:**

◢ **Wohnort:**

◢ **Schule:**

◢ **Klasse:**

hutt. verlag

Unterhäuser Straße 1
70597 Stuttgart
Telefon 0711 767150
Telefax 0711 7671511
info@hutt-verlag.de
www.hutt-verlag.de
www.pauker.de

Die Lösungsvorschläge in Deutsch sind als Orientierungshilfen gedacht. Andere Lösungen werden dadurch keineswegs ausgeschlossen.

Herausgeber: Stephan Hutt

Autoren:
Isolde Beste, Jasmin Johner (Deutsch)
Günther Wirth, Werner Wirth (Mathe)
Peter Brysch, Annika Misch (Englisch)

Lektorat:
Isolde Beste, Jasmin Johner, Bärbel Otto

Titelfoto: Thomas Bruttel

Gestaltung: Hanne Schneider

Ausgabe 2010/2011

ISBN: 978-3-939327-83-7

Mitglied im

Wir fördern

Inhaltsverzeichnis

Deutsch

Training

Prüfungen

Mathe

Training

Prüfungen

Englisch

Training

Prüfungen

◢ Lösungen: Deutsch-Training

1. Fremdwörter im Text

1. a) etwas bemängeln

b) Kostenermittlung

2. Geschwindigkeit/Schnelligkeit/Hast

3. a) **Schwierig** ist häufig auch das Verhalten der Schüler.

b) Eine weitere Möglichkeit sei der Einsatz **besonders guter/geschulter** Busbegleiter.

4. a) sorgfältig pflegen, vertiefen

b) Lust, etwas zu tun

c) jemanden fertigmachen

5. a) Entscheidend ist es, **ruhig** zu bleiben.

b) Denn daran lassen die **Fachleute** keinen Zweifel.

6. Der **Wert/Anspruch** des Unterrichts ist entscheidend. **Am Fortschritt orientierte** Lehrer stellen Videomitschnitte ins Netz, die zeigen, wie physikalische **Versuche ablaufen.**

2. Fragen zum Text

1. a) Für einen Au-pair-Aufenthalt sollte man mindestens 18 und höchstens 30 Jahre alt sein. Das hängt vom jeweiligen Gastland ab. Zudem ist es wichtig, dass man psychisch und körperlich gesund ist und Erfahrung in der Betreuung von Kindern hat. Damit man sich im Gastland verständigen kann, sollten Grundkenntnisse der Sprache vorhanden sein. Bevor es losgeht, muss das Geld für die Hin- und Rückreise gesichert und ein eventuelles Visum beantragt sein.

b) Die Erfahrungen eines Au-pair-Aufenthaltes helfen einem auch im weiteren Leben, denn man hat gelernt, alleine klarzukommen und sich durchzusetzen. Der Austausch mit einer anderen Kultur und Sprache kann sehr nützlich sein. Außerdem entstehen oft Freundschaften, und man trifft viele junge Leute.

c) Es ist wichtig, den Aufenthalt gut vorzubereiten, indem man bereits vorher die Sprache des Gastlandes lernen oder auffrischen kann. Man sollte sich über die Kultur und Lebensweise des Landes informieren. So bleiben Überraschungen aus. Auch die Angabe von Abneigungen oder Allergien helfen, eine optimale Gastfamilie zu finden. Wenn man den Au-pair-Aufenthalt über eine Agentur plant, hat man im Notfall einen Ansprechpartner und ist nicht auf sich allein gestellt.

2. Für die Bedeutung des Wortes „au pair" werden im Text auch „Geben und Nehmen, Rechte und Pflichten, Toleranz und Respekt vor anderen Menschen und Kulturen" genannt.

3. a) Au-pairs nehmen an den Mahlzeiten und am täglichen Familienleben teil.

b) Hilfe bei der Kinderbetreuung und im Haushalt.

4. a) Die beiden Tagediebe stellen die Pillen aus Brotkügelchen her, die sie mit Wurmmehl aus altem zerfressenem Holz bestreuen. (Zeile 8ff)

b) Der Tagedieb gibt vor, Zahnschmerzen zu haben. (Zeile 22ff)

c) Es werden eine schöne Farbe, im Text rotes Papier, und fremde komische Namen, im Text Schnauzius Rapunzius von Trafalgar, als Hilfsmittel für einen guten Betrug genannt. (Zeile 14f und Zeile 37f)

d) Ein Päcklein Pillen kostet 24 Kreuzer. (Zeile 63f)

e) Die Lehre aus der Geschichte ist, dass man nicht leichtgläubig Dinge kaufen sollte und sich somit übers Ohr hauen lässt. (Zeile 78ff)

3. Textinhalte reflektieren

1. a) Der Elefant vereint List mit Stärke. (Zeile 4)

b) Wo dieses Tier war, führt eine breite Spur. (Zeile 9)

c) Seine Ohren sind verstellbar: Er hört nur was ihm passt. (Zeile 15f)

d) Er ist nicht essbar. (Zeile 29)

2. a) ☒ auch kleinste Speisen aufnehmen und zum Maul führen.

b) ☒ er klug und stark zugleich ist.

3. „Kümmerliche List" bedeutet im Text, dass es keine besonders schlaue List ist, sondern eher die List, die zum Überleben benötigt wird.

4. a) Spice hat den Vorteil, dass es frei verkäuflich ist, da es als Kräutermischung zum Beduften von Räumen verkauft wird. Es ist also legal. (Zeile 9ff) Der zweite Punkt, warum Spice zur Modedroge wurde, ist, dass es im Drogentest der Polizei nicht nachweisbar ist. (Zeile 36ff)

b) Das Rauchen von Spice entfaltet eine ähnliche Rauschwirkung wie ein Joint. Das Produkt ist leicht und legal zu bekommen. Der Konsum von Spice ist somit nicht strafbar. Der Wirkstoff kann im Drogentest der Polizei nicht nachgewiesen werden.

c) Der Grund, warum Spice zuerst nicht verboten werden konnte, liegt darin, dass nur chemisch nachweisbare Wirkstoffe verboten werden können. Diese waren aber im Fall Spice nicht bekannt. Erst die Entdeckung der darin enthaltenen künstlichen Cannabinoiden führte zu einem Verbot.

d) Nachfolgeprodukte drängen auf den Markt, weil es für die Headshop-Besitzer eine große Einnahmequelle darstellt. Zudem ist der Markt da, denn die Konsumenten suchen immer nach Möglichkeiten, billig und legal Drogen zu konsumieren.

5. a) Ich stimme dieser Aussage zu, denn jeder versucht, schneller und schlauer zu sein als der andere. Der Markt bringt eine neue Droge heraus, „der erste Nachahmer nennt sich Space" (Zeile 75f), und der Gesetzgeber will diese dann schnellstmöglich wieder verbieten. „Man könne der Entwicklung nur hinterherlaufen [...]. (Zeile 83f) Ich bin der Meinung, dass man nur mit einer guten Aufklärungsarbeit und dem Hinweis auf die Gefährlichkeit dieser selbst zusammengemischten Kräuter etwas erreichen kann. Wenn man erst tätig wird, wenn die Droge schon auf dem Markt ist, ist es eigentlich schon zu spät.

b) Mit dieser Aussage soll verdeutlicht werden, dass es den Konsumenten völlig egal ist, was sie rauchen beziehungsweise einnehmen. Es ist nur wichtig, dass es eine berauschende Wirkung hat.

6. a) Abschnitt 1: Zeile 1 bis Zeile 13: Die Rückkehr des Kakapo
Abschnitt 2: Zeile 14 bis Zeile 31: Leichte Beute
Abschnitt 3: Zeile 32 bis Zeile 45: Schwierige Fortpflanzung

b) Mit der ersten Aussage ist gemeint, dass der Kakapo vor der Besiedlung durch europäische Einwanderer so gut wie keine natürlichen Feinde hatte. Er musste sich nicht fürchten und das führte irgendwann dazu, dass die Kakapos ihre Flugfähigkeit verloren haben. Statt des Fliegens als Schutz, entwickelte sich über die Jahre bei den Kakapos ein anderer Schutzmechanismus. Er fliegt nicht weg, sondern verhält sich bewegungslos und setzt seine Federn zur Tarnung ein. Mit der zweiten Aussage ist somit gemeint, dass der neue Schutzmechanismus zwar fest verankert ist, heutzutage aber gegenüber Feinden völlig nutzlos.

c) ▶ Besiedlung durch europäische Einwanderer
▶ Fläche wurde für Bauernhöfe gebraucht
▶ Tiere wurden mitgebracht (Katzen, Frettchen, Ratten)
▶ Nutzlose Schutzstrategie der Kakapos
▶ Brauchen sehr lang für Fortpflanzung

4. Verfassen eines eigenen Textes

1. Stellungnahme

Die Aussage „No risk, no fun" stellt für viele ein wahres Lebensmotto dar. Jeden Tag riskieren sie aufs Neue ihre Gesundheit, nur um einen Kick zu bekommen. Besonders die sogenannten Funsportarten, wie Eisklettern, Kitesurfen oder Bungee-Jumping, sind oft mit einem hohen Risiko verbunden. Beim Bungee-Jumping ist das Risiko sehr hoch, sich bei schlechter Ausrüstung Muskeln zu überdehnen oder Knochenbrüche zuzuziehen.

Aber warum fasziniert gerade das, was offensichtlich auch gefährlich ist? Ich denke, das liegt daran, dass sich in unserer schnelllebigen Gesellschaft sehr leicht ein Gewöhnungseffekt für viele Dinge einschleicht. Und was ist schon langweiliger als gewöhnlich zu sein? Der Wunsch, sich aus der Masse abzuheben und eben etwas Besonderes zu machen, bringt sicher viele dazu, sich einem Risiko auszusetzen, um etwas zu erleben. Der Ausspruch „Ohne Risiko kein Spaß" ist daher kritisch zu bewerten. Was ist, wenn auch dieses Risiko nicht mehr ausreicht, um einen Kick zu erzeugen? Wenn dieser Fall eintritt, dann reicht bloßes Risiko nicht mehr aus, sondern man wird leichtsinnig oder gar lebensmüde. Das könnte dann so aussehen, dass man ohne Absicherung und nötige Vorkenntnisse eine Felswand hinaufklettert.

Das Motto „No risk, no fun" kann auch auf andere Bereiche übertragen werden, wie zum Beispiel das Flatrate-Saufen. Wer nicht riskiert, mit einer Alkoholvergiftung im Krankenhaus zu landen, der hat auf der Party auch keinen Spaß. Das finde ich absolut daneben. Daher sollte immer genau überdacht werden, wann sich ein Risiko lohnt und es auch noch Spaß macht und ab wann es nur noch dumm und lebensgefährlich ist.
Ich finde, ein gewisses Maß an Abenteuer ist gut, aber man sollte es nicht übertreiben.

2. **Artikel Schülerzeitung**

Globalisierung birgt auch Risiken
Denkt man an den Werbespruch der Fußball-WM 2006 „Zu Gast bei Freunden", wird schnell klar, dass sich die Welt als eine große Gemeinschaft versteht. Durch die Globalisierung ist alles enger miteinander vernetzt und durchlässiger geworden. Leider gilt dies auch für die Ausbreitung von Krankheiten. Mehrere Beispiele haben in der nahen Vergangenheit gezeigt, wie schnell und einfach plötzlich viele Teile der Welt von der gleichen Krankheit betroffen sind. Die Fälle von Vogel- und Schweinegrippe lassen aufhorchen. Durch moderne Transportmöglichkeiten, wie zum Beispiel das Flugzeug, werden Krankheiten in kürzester Zeit über den Erdball verstreut. Deshalb wird heute auch nicht mehr von einer Epidemie, dem örtlich begrenzten Ausbruch einer Krankheit, sondern von einer Pandemie, der weltweiten Verbreitung einer bestimmten Krankheit, gesprochen.
Die zunehmende Globalisierung birgt also auch das Risiko flächendeckender Ansteckung. Dieses Risiko darf nicht unterschätzt werden und wird uns in Zukunft noch häufiger mit Problemen konfrontieren. Denn durch den intensiven weltweiten Austausch besteht auch die Möglichkeit, dass sich neue Krankheitserreger bilden beziehungsweise bestehende Erreger mutieren.

3. **Tagebucheintrag**

Liebes Tagebuch,

heute haben Paul und ich einen schlauen Betrug begangen. Wir waren ganz erstaunt, wie leichtgläubig die Menschen sind. Gemehlte Weißbrotkügelchen als Pillen gegen Zahnschmerzen zu verkaufen, war ein guter Plan. Alle haben sich um die angeblichen Pillen gerissen, und wir haben einen Batzen Geld verdient. Im ersten Moment habe ich mich total toll gefühlt. Wir, die beiden Tagediebe, die alle anderen an der Nase herumgeführt haben! Aber soll ich dir mal was sagen, jetzt fühle ich mich richtig schlecht. Paul würde mich vermutlich auslachen, aber das ist mir egal. Am liebsten würde ich den Leuten ihr Geld zurückgeben. Ich hatte nämlich auch schon mal Zahnschmerzen, und wenn ich mir überlege, dass ich dann auf ein steinhartes Kügelchen gebissen hätte ... Auweia. Eigentlich gehört es sich für einen Dieb nicht, Mitleid zu haben, aber ich kann einfach nicht anders. Schließlich war ich ja nicht immer ein Dieb. Ich bin natürlich froh, dass wir uns von dem Geld etwas zu essen kaufen konnten, aber vielleicht versuche ich es doch wieder mit ehrlicher Arbeit. Leute betrügen, das schaffe ich auf Dauer nicht. Ich fühle mich ja so schlecht.

4. **Interview**

Interviewer: Hallo Nyia. Es freut mich sehr, dass Sie Zeit gefunden haben, um mit uns über die bedrohten Kakapos zu sprechen. Im letzten Jahr haben sich die Abschlussklassen in einem Projekt mit bedrohten Tierarten in Neuseeland beschäftigt. Was können Sie uns in diesem Zusammenhang über die Kakapos erzählen?

Nyia: Die Kakapos sehen aus wie eine Kreuzung aus Wellensittich und Eule. Sie sind ein echtes Schwergewicht unter den Papageien und dazu nachts aktiv.

Interviewer: Wie kam es dazu, dass diese Papageien heute vom Aussterben bedroht sind?

Nyia: Dafür sind mehrere Punkte ausschlaggebend. Früher war der größte Feind der Kakapos ein riesiger Adler, der über Sichtkontakt gejagt hat. Aus diesem Grund haben sich die großen Papageien eine Schutzstrategie angeeignet, die daran angepasst war. Sie verhielten sich regungslos und nutzten ihre Federn als Tarnung. Das funktioniert heute allerdings nicht mehr. Als nämlich die europäischen Einwanderer nach Neuseeland kamen, brachten sie Raubtiere mit, wie Katzen, Frettchen oder Ratten. Diese folgen Gerüchen, wenn sie jagen.

Interviewer: Inwieweit ist das denn nun gefährlich für die Kakapos? Kann man diese denn riechen, und warum fliegen sie nicht einfach davon?

Nyia: Sie verströmen tatsächlich einen starken moschusartigen Geruch. Tja und das Fliegen, das haben sie im Laufe der Jahre verlernt. Sie haben es ja schließlich nicht mehr gebraucht. Und das wird ihnen heute zum Verhängnis.

Interviewer: Ach so ist das. Kann die Population durch bewusste Nachzuchten gerettet werden?

Nyia: Wir versuchen es. Aber leider lassen sich die Kakapos mit der Fortpflanzung viel Zeit. Bei Männchen dauert die Geschlechtsreife fünf Jahre, die Weibchen lassen sich noch mehr Zeit. Aber dennoch ist es uns vor Kurzem gelungen, 34 Kakapos großzuziehen. Eine Mehrzahl leider mit der Hand, aber immerhin konnten ein paar zu ihren Müttern zurückkehren. Für uns ist es ein echter Glücksfall, dass so viele kleine Papageien ausgeschlüpft sind.

Interviewer: Was passiert nun mit den jungen Kakapos?

Nyia: Sie werden an geheimen Plätzen in der Wildnis ausgesetzt. Wir hoffen natürlich, dass sich langfristig die Population auch in freier Natur wieder erholt.

Interviewer: Gibt es auch eine Möglichkeit, einem Kakapo einmal näher zu begegnen?

Nyia: Die gibt es tatsächlich. Denn der erste Kakapo, der aufgrund einer Krankheit nicht mehr in die Wildnis entlassen werden konnte, ist inzwischen so an Menschen gewöhnt, dass er sich mit seinen Artgenossen nicht mehr versteht. Er heißt Sirocco. Besucher können ihm ganz nah sein und somit diesen seltenen Papagei ganz aus der Nähe betrachten. Wir hoffen natürlich, dass unsere Arbeit langfristig dazu führt, dass sich die Kakapos wieder vermehren.

Interviewer: Ich glaube, dass viele unserer Schülerinnen und Schüler begeistert wären, einmal einen Kakapo zu sehen. Ich wünsche Ihnen für Ihr Programm auch im Namen unserer Schülerinnen und Schüler weiterhin alles Gute. Vielen Dank für das interessante Interview und gute Heimreise.

Nyia: Danke, gern geschehen. Tschüss.

Literarischer Text

Der Mann, der nie zu spät kam

1. Wort ersetzen

☒ eilte

2. Ausdruck ersetzen

☒ sich ein Beispiel nehmen

3. Bedeutung der Wörter

a) Jeden Werktag, wenn der Hausmeister sich gähnend über den Schulhof schleppte / gähnend und schleppend über den Schulhof ging, um das große Schultor aufzuschließen, stand Wilfried bereits davor. Andere Formulierungsmöglichkeiten: schlappte/latschte

b) Und da er offensichtlich immer noch lebte, stand er verwirrt auf, kletterte auf den Bahnsteig zurück und suchte einen Bahnbeamten. Andere Formulierungsmöglichkeiten: verdutzt/verstört.

4. Sätze mit ähnlicher Bedeutung

a) Kein Arbeitskollege konnte sich erinnern, dass er jemals ins Büro gekommen wäre und Wilfried Kalk nicht an seinem Schreibtisch gesessen hätte. (Zeile 24ff)

b) „Ich sehe nicht ein, welchen Vorteil es bringen soll, zu spät zu kommen." (Zeile 34ff)

c) Als Wilfried 25 Jahre lang nie zu spät zur Arbeit gekommen war, veranstaltete der Chef ihm zu Ehren nach Dienstschluss eine Feier. (Zeile 55ff)

d) „Ich habe inzwischen nur festgestellt, dass Verspätungen manchmal recht nützlich sein können." (Zeile 97ff)

5. Fragen zum Inhalt

a) ▶ Er ist schon immer eine halbe Stunde vor dem Klingeln des Weckers wach.
   ▶ Er steht schon vor dem Schultor, obwohl es noch geschlossen ist.
   ▶ Er steht schon 20 Minuten vor der Abfahrt des frühesten Zuges am Bahnsteig.
   ▶ Er geht schon, während der vorherige Film noch läuft, ins Kino.
   ▶ Er lernt die Fahrpläne auswendig.
   ▶ Er vermeidet alle Gefahren, durch die er zu spät kommen könnte (kein Alkohol, keine unnötigen Termine).

b) Herr Kalk kommt nicht zu spät. Er kommt vielmehr zu früh zu der darauffolgenden Vorstellung.

c) Herr Kalk ist 25 Jahre lang niemals zu spät ins Büro gekommen. Der Chef will ihm danken und ihn seinen Kollegen als gutes Beispiel präsentieren.

d) ▶ Er überhört den Wecker.
   ▶ Er wacht (viel) zu spät auf.
   ▶ Er hetzt zum Bahnhof und stürzt in seiner Verwirrung auf die Gleise.
   ▶ Dank einer Verspätung des Zuges überlebt er den Sturz.

6. Textinterpretation

a) ▶ Es ärgert sie, dass der Chef ihnen Herrn Kalks Pünktlichkeit als gutes Beispiel vorhält.
   ▶ Sie fühlen sich unter Druck gesetzt, weil Herr Kalk nie den Fehler macht, zu spät zu kommen.
   ▶ Sie haben ein schlechtes Gewissen.
   ▶ Sie empfinden Herrn Kalk als Streber.

b) ▶ Er ist noch benommen und müde.
   ▶ Er ist entsetzt, weil er zu spät aufgewacht ist und sich dadurch verspätet.
   ▶ Er fürchtet die Reaktionen des Chefs und der Kollegen. Das alles ist ihm peinlich.
   ▶ Er hat Angst vor dem Spott der Kollegen und dem Tadel des Chefs.
   ▶ Er ist kopflos.

7. Textinterpretation

a) ▶ Wegen seiner übertriebenen Pünktlichkeit findet er keine Freunde und ist einsam.
   ▶ Auch bei seinen Kollegen stößt er deswegen auf Ablehnung und ist unbeliebt.
   ▶ Seine Pünktlichkeit hält ihn davon ab, auszugehen und mit anderen etwas zu unternehmen, zum Beispiel Fußball zu spielen oder eine Veranstaltung zu besuchen.

b) Der Sturz führt bei Herrn Kalk zu einer Verhaltensänderung und einem inneren Wandel. Er ist froh, dass er der Zugverspätung seine Rettung verdankt. Er hat begriffen, dass die Pünktlichkeit des Zuges ihn in diesem Fall das Leben gekostet hätte.
Wahrscheinlich hat er auch erkannt, dass er sich mit seinem Pünktlichkeitswahn bei seinen Kollegen unbeliebt gemacht hat und möchte das wiedergutmachen. Vielleicht geht er von jetzt an mal mit seinen Kollegen aus oder wird Mitglied in einem Verein (Fußballverein, Kegelclub ...).

8. Wahlaufgabe

a) **Gespräch zwischen Herrn Kalk und seinem Chef**

   Chef: „Das verstehe ich nicht. Das müssen Sie mir erst mal erklären!"
   Herr Kalk: (leicht aufgeregt) „Sie wissen ja nicht, was mir gestern nach der Feier passiert ist! Ich bin doch keinen Alkohol gewohnt, deshalb hatte ich einen schlimmen Schwips. Das haben ja alle bemerkt gestern. Aber dass ich deswegen heute Morgen verschlafen habe, das war für mich das Schlimmste, was mir bisher zugestoßen ist. Zumindest habe ich das gedacht, bis ich ein furchtbares Erlebnis hatte."
   Chef: „Na, nun kommen Sie bitte zur Sache!"
   Herr Kalk: „Stellen Sie sich vor, ich raste zum Bahnhof, um auf jeden Fall den Zug noch zu erwischen. Und was ist geschehen? Ich bin über einen abgestellten Koffer gestürzt und über die Bahnsteigkante auf die Schienen gefallen! Da glaubte ich, mein letztes Stündlein habe geschlagen, denn es war die genaue Zeit für den 9-Uhr-16-Zug. Ich war völlig erstarrt vor Angst. Aber er ist nicht gekommen! Es hat noch eine kurze Weile gedauert, bis ich das begriffen habe. So bin ich schließlich mit schlotternden Knien wieder auf den Bahnsteig geklettert ..."
   Chef: (ihn unterbrechend) „Das ist ja wirklich fürchterlich, aber doch kein Grund, überhaupt nicht im Büro zu erscheinen und heute auch noch zu spät zu kommen!"

Herr Kalk: „Das meinen Sie! Sie wissen doch, was mir Pünktlichkeit im Leben bedeutet hat. Es war für mich das Wichtigste von allem! Und nun habe ich erkannt, dass ich tot gewesen wäre, wenn dieser Zug zur genauen Zeit im Bahnhof eingefahren wäre. Und so habe ich mir überlegt, es gibt wohl auch Situationen im Leben, in denen es gut ist, wenn man sich anders verhält. Das will ich ab jetzt tun!"

Chef: (bedenklich) „Ich hoffe, Sie wollen nicht einführen, von nun an unpünktlich zu sein, wo Sie doch gerade erst für Ihr vorbildliches Verhalten von mir gelobt wurden?"

Herr Kalk: „Nein, nein, so meine ich das nicht! Aber für mich gibt es jetzt neben der Pünktlichkeit im Arbeitsleben auch noch andere Dinge. Ich werde nicht mehr eine halbe Stunde vor einem Termin da sein. Vor allem will ich die so gewonnene Zeit nutzen, mich mal mit den Kollegen zu treffen. Und ganz sicher werde ich in einen Sportverein eintreten, denn ich habe bei der Feier gemerkt, wie schön doch das Zusammensein mit anderen Leuten ist."

Chef: (erleichtert) „Na, da bin ich aber froh! Das wirkt sich bestimmt gut auf das Betriebsklima aus."

Sachtext

Der Wolf kehrt nach Deutschland zurück

1. Wort ersetzen

☒ vorgefasste (meist negative) Meinung

2. Wort ersetzen

☒ Tierwelt

3. Bedeutung der Wörter

a) Der Wolf gilt Naturschützern als Sinnbild für das Letzte, was von ursprünglicher Natur übrig geblieben ist.

b) Wie wirkungsvoll diese Methode zum Schutz der Schafe ist, zeigen Untersuchungen in Rumänien.

4. Sätze mit ähnlicher Bedeutung

a) Sie sind heute nicht mehr gejagte Räuber, sondern stehen unter strengem Naturschutz und werden von vielen Menschen als Bereicherung unserer Fauna angesehen. (Zeilen 20 – 23)

b) „Die Menschen müssen sich erst wieder an den Wolf gewöhnen", sagen Wildforscher. „Sie müssen wieder lernen, ihre Herden zu bewachen." (Zeile 45ff)

c) So würden in der Schweiz von den ca. 17 000 Rehen, die jährlich bei Autounfällen getötet werden, und den 37 000 auf der Jagd erlegten Tieren nur ein kleiner Teil von den Wölfen beansprucht. (Zeilen 65 – 68)

d) Zudem erlegen Wölfe meist schwaches und krankes Wild und sorgen dadurch für die Fortpflanzung gesunder und starker Tiere. (Zeile 68ff)

5. Fragen zum Inhalt

a) Es gibt zurzeit fünf bis 20 Wölfe in Deutschland.

b) ▶ Sie werden nicht mehr gejagt.
   ▶ Sie stehen unter Naturschutz.
   ▶ Viele Menschen betrachten die Wölfe als Bereicherung der Fauna.

c) ▶ Der Wolf geht dem Menschen aus dem Weg.
   ▶ Bei einer Begegnung mit dem Menschen zieht der Wolf sich zurück und wartet, bis die Gefahr für ihn vorbei ist.
   ▶ In den letzten 200 Jahren hat kein Wolf den Menschen angegriffen.

d) Sie kommen durch Autounfälle ums Leben.

6. Fragen zum Inhalt

a) Sie fordern, die Wölfe zu erschießen, weil sie ihre Schafe reißen.

b) Die Menschen müssen wieder lernen, ihre Schafherden vor den Wölfen zu schützen.

c) Die Schäfer sollten Schutzhunde anschaffen, die die Herden bewachen. Mit dieser Methode hat man in Rumänien gute Erfahrungen gemacht.

d) Die Wölfe erlegen weniger Tiere, als bei der Jagd oder bei Verkehrsunfällen getötet werden. Bei Autounfällen in der Schweiz kommen jährlich 17 000 Rehe ums Leben, und 37 000 werden von den Jägern abgeschossen. Nur ein kleiner Teil wird von Wölfen gerissen.

7. Interpretation der Aussage von Indianerhäuptling Chief Dan George

a) Bei vielen Menschen löst alles Fremde und Unbekannte Angst aus. Dagegen gibt ihnen alles, was ihnen vertraut und bekannt ist, Sicherheit. Durch das Fremde sehen manche das Eigene, das heißt ihre eigene Welt, die eigene Identität, sich selbst bedroht oder infrage gestellt. Damit können viele Menschen nicht umgehen. Aus einem Angstgefühl heraus und um sich zu schützen, grenzen sie das Unbekannte und Fremde aus. Oft geschieht das, indem sie Vorurteile aufbauen wie hier im Fall der Wölfe. Sie werden von den Menschen als böse und gefährlich angesehen. Aus Angst werden ähnliche Vorurteile oft auch auf fremde oder unbekannte Menschen übertragen. Angstgefühle und Unsicherheit können dazu führen, dass man das Unbekannte oder Fremde zerstören möchte, damit die eigene Welt und Identität oder das Vertraute nicht länger infrage gestellt sind.
Eine Lösung dieses Problems besteht darin, sich mit dem Fremden auseinanderzusetzen, sich ihm anzunähern und mit ihm zu sprechen. Das nimmt die Angst und baut Vertrautheit und somit Sicherheit auf.

b) **Argumente, die für diese Aussage sprechen**

Wölfe können durchaus den Lebensraum mit dem Menschen teilen, weil sie Begegnungen mit ihm aus dem Weg gehen. Außerdem reißen Wölfe weniger Wild, als zum Beispiel bei Verkehrsunfällen oder durch die Jagd getötet werden.
Wenn Schäfer ihre Herden von genügend Schutzhunden bewachen lassen, dann können die Wölfe nur wenige Schafe reißen.
In Rumänien, einem Land, in dem noch viele Wölfe leben, sind diese Tiere den Menschen bisher niemals gefährlich geworden, obwohl sie auf der Jagd bis in die Städte vordringen.

Argumente, die gegen diese Aussage sprechen

Das „Märchen vom bösen Wolf" sitzt bei vielen Menschen tief. Deshalb wäre den Menschen trotz der Aussagen im Text nicht völlig die Angst genommen, wenn sich die Wölfe in ihrer Nähe wieder ansiedeln würden. Gerade die Vorstellung von jagenden Wölfen in Städten bereitet vielen Leuten Sorge. Es könnte vorkommen, dass Kinder, Haustiere oder Nutztiere der Bauern angegriffen werden, weil sie nicht genügend andere Beutetiere finden.

8. Wahlaufgabe

a) **Brief an die Zeitung**

Sven Vogt
Rüsselgasse 45
65205 Wiesbaden   Wiesbaden, den 15.5.2006

An die Redaktion
der „Bild"-Zeitung

Schlagzeile: „18 Schafe im Blutrausch gerissen!" – Schäfer fordert: Gebt endlich die Jagd auf den Wolf frei!"

Sehr geehrte Damen und Herren von der Redaktion,

mit großem Interesse habe ich die Schlagzeile in Ihrer Zeitung gelesen: „18 Schafe im Blutrausch gerissen! – Schäfer fordert: Gebt endlich die Jagd auf den Wolf frei!"
Das ist in meinen Augen eine ungeheuerliche Forderung, die der Schäfer aufstellt. Ich halte sie aus mehreren Gründen für unsinnig, zumal es genügend Belege dafür gibt, dass Wölfe sich normalerweise anders verhalten. Wölfe jagen nur so viele Tiere, wie sie zum Sattwerden brauchen. Sie greifen dabei hauptsächlich auf kranke oder geschwächte Tiere zurück. Die Zahl 18 erweckt in mir den Verdacht, dass der Schäfer übertrieben hat. Das ist in diesem Ausmaß kaum zu glauben, weil es bis jetzt immer noch sehr wenige Wölfe bei uns gibt. Durch Untersuchungen in Rumänien weiß man aber, dass Wölfe keine Beutetiere „im Blutrausch" reißen, sondern höchstens zwei Prozent der Schafe ihre Opfer werden. Und gerade in Rumänien gibt es so viele Wölfe und Bären wie nirgendwo sonst auf der Welt.
Der Schäfer und auch seine übrigen Berufskollegen sollten stattdessen dafür sorgen, dass ihre Herden von genügend Hütehunden bewacht werden, damit es zu solchen Ereignissen möglichst nicht kommt. Dann werden sich die Wölfe ihre Beute eher im Wald suchen und dort endlich die ursprünglichen Aufgaben wieder erledigen, die sie vor über 200 Jahren noch bestens ausgeführt haben.
Heute müssen die Jäger diese Funktion ausüben, weil man den Wolf ausgerottet hat. Die Schäden, die beispielsweise die vielen Wildschweine auf den Feldern der Bauern anrichten, wären sicher geringer, wenn diese Tiere im Wolf endlich einen Fressfeind hätten.
Außerdem würde der Wolf, der ja bekanntlich scheu ist und dem Menschen aus dem Weg geht, im Wald die Überzahl an Rehen etwas eindämmen. Die Rehe richten besonders im Winter großen Schaden an, weil sie aus Futtermangel die Baumrinde abfressen und somit die Bäume schädigen.
Es geht doch bei der Forderung dieses Schäfers allein um die Angst des Menschen vor dem Wolf. Auch da zeigen die Untersuchungen in Rumänien, dass diese Angst unbegründet ist. Obwohl sich Wölfe dort bis in die Städte wagen, um streunende Katzen

oder Kaninchen zu jagen, ist noch kein Zwischenfall mit einem Menschen beobachtet worden.

Wir alle sollten froh sein, dass in unseren Wäldern mit der langsamen Verbreitung des Wolfs endlich wieder eine Chance besteht, das Gleichgewicht in der Natur wiederherzustellen, das der Mensch vor über 200 Jahren so unüberlegt zerstört hat. Ich würde mich freuen, wenn Ihre Redaktion auch mal einen Bericht abdruckt, der die Vorteile der Neuansiedlung von Wölfen herausstellt.

Mit freundlichen Grüßen

Sven Vogt

Literarischer Text

Der Retter

1. a) **Worterklärung**

   ☒ starkes Brett

   b) **Wortbedeutung**

   ☒ starkes Seil

2. **Wort/Ausdruck ersetzen**

   a) Er <u>hielt</u> nicht nach einem Schiff <u>Ausschau</u>, ...
   Er <u>blickte</u> nicht <u>suchend umher</u>, ob ein Schiff in der Nähe ist ...
   Er <u>schaute</u> nicht, ob etwa ein anderes Schiff in der Nähe war ...

   b) Und er <u>empfand Genugtuung</u>, denn er wusste: ...
   Er <u>war</u> sehr <u>froh</u>, denn er wusste: ...
   Schadenfroh <u>jubelte</u> er über seinen Sieg, denn er wusste: ...

   Ähnliche Formulierungen, die den Sinn wiedergeben, sind zu akzeptieren.

3. **Sätze mit ähnlicher Bedeutung**

   a) Er sah, dass noch etwas auftauchte, und das musste einer seiner acht Kameraden sein. (Zeile 11ff)

   b) Er war Hunderte von Meilen vom Land entfernt. (Zeile 32f)

   c) Aber er wusste auch, dass er ihn nicht entbehren konnte. (Zeile 67f)

   d) Aber als er merkte, dass der Hund aufgehört hatte zu bellen, rief auch er nicht mehr. (Zeile 77ff)

4. **Kreuze die richtige Antwort an.**

   a) ☒ Senter steht am Ausguck, das Wasser schlägt über ihm zusammen und die Taue ziehen ihn in die Tiefe.

   b) ☒ Als eine Planke auftaucht, schwimmt er darauf zu und ergreift sie.

   c) ☒ Er schwimmt zur Planke und legt die Vorderpfoten darauf.

5. **Fragen zum Inhalt**

   a) Senter und der Hund treiben nach dem Schiffsuntergang auf dem offenen Meer. (Zeile 32ff) Trinkwasser gibt es nicht. Sie haben beide zusammen nur eine einzige Planke zum Festhalten. (Zeile 9f, Zeile 16ff)
   Senter erkennt, dass seine Lage aussichtslos ist und er sterben wird. (Zeile 34f) Er hat Angst, dass er bald zu schwach sein wird, sich an der Planke festzuhalten. (Zeile 35ff) Vor allem hat er Wut auf den Hund, weil der nicht begreift, dass sie beide untergehen werden. (Zeile 40f)
   Als ein Dampfer vorbeifährt, ruft Senter verzweifelt um Hilfe. Obwohl er nicht gehört wird, ruft er weiter. (Zeilen 72 – 76)
   Erst als er bemerkt, dass der Hund aufgehört hat, zu bellen, ist er auch still. (Zeile 77ff)

b) Der Hund versteht die schreckliche (aussichtslose) Lage nicht. Das macht Senter so wütend auf ihn. (Zeile 40f)
Der Hund macht einfach nur das, was ihn gerade am Leben hält. Er kann sich nicht wie ein Mensch die Zukunft vorstellen. Senter macht es nun genauso, damit er nicht durchdreht. (Zeilen 59 – 62)

Oder:
Bis er das Bewusstsein verliert, sucht er die Augen des Hundes. Der Blick des Hundes gibt ihm Kraft durchzuhalten. (Zeile 80f)

c) Der Schiffsarzt entdeckt Senter und den Hund, wie sie im Wasser treiben.
So können die beiden im letzten Augenblick gerettet werden.
Über die glückliche Rettung freuen sich die Matrosen der „Vermont". So etwas haben die Seeleute niemals zuvor erfahren, dass jemand sechs Tage ohne Wasser auf dem Meer getrieben ist und überlebt hat. Außerdem ist die Bergung von Schiffbrüchigen immer aufregend und kommt zum Glück nicht alle Tage vor.
Das Besondere an dieser Situation ist, dass sich ein Mensch zusammen mit einem Tier in großer Lebensgefahr befunden hat und gerettet wird.
Ähnliche sinngemäße Formulierungen sind zu akzeptieren.

6. Fragen zum Inhalt

a) Am Anfang kann Senter den Hund überhaupt nicht leiden. Vor allem hat er Angst, dass der Hund ihm die rettende Planke wegnimmt und er ertrinken muss. Er ist zunächst wütend, weil der Hund sich so gezielt an der Planke festhält. In den ersten beiden Tagen versucht er immer wieder, den Hund loszuwerden. Seine Einstellung zu ihm ändert er erst, als dieser am zweiten Nachmittag von der Planke rutscht und beinahe ertrinkt. Senter erkennt plötzlich, dass er den Hund braucht, weil er diese Situation alleine nicht überstehen könnte. Deshalb bindet er den Hund sogar mit seinem Hemd an der Planke fest. Nach der Rettung fragt Senter auch als Erstes nach dem Hund und ob dieser auch gerettet ist. Schließlich hat der Hund maßgeblich zum Überleben der beiden beigetragen.

b) Der „Retter" in dieser Geschichte ist eindeutig der Hund.
Für Senter ist der Hund in mehrfacher Weise ein Vorbild:
▶ Der Hund bleibt ganz ruhig, denn er kann sich die große Gefahr nicht wie ein Mensch vorstellen.
▶ Senter ist beeindruckt, weil der Hund einfach nur das tut, was im Augenblick nötig ist.
▶ Der Hund verhält sich geduldig und ist entspannt. Außerdem zeigt er keine Angst.
▶ Selbst, als der Dampfer vorbeifährt, verliert er nicht die Nerven. Er hört einfach auf zu bellen und spart damit Kraft.
So stellt sich Senter auf den Hund ein und versucht sich genauso zu verhalten. Dadurch werden die beiden gerettet.

Mit dem „Retter" könnte aber auch Senter gemeint sein, weil der Hund untergegangen wäre, wenn Senter ihn nicht mit seinem Hemd an die Planke gebunden hätte.
Die volle Punktzahl wird auch ohne den letzten Satz vergeben. Kein Punkt bei Nennung der Besatzung oder des Arztes des Zerstörers „Vermont" als Retter.

7. Wahlaufgabe

a) **Interview mit Senter**

Diese Rettung grenzt an ein Wunder!

Ich stehe hier im Hafen von Bremen und habe die riesengroße Chance, einen berühmt gewordenen Schiffbrüchigen zu interviewen. Er soll sechs Tage lang zusammen mit einem Hund auf dem offenen Meer getrieben sein. Erst dann wurde er von einem Militärschiff entdeckt und gerettet. Und hier kommt er auch schon zusammen mit dem Hund auf mich zu.

Max: Herr Senter, meine erste Frage lautet, wie geht es Ihnen jetzt?

Senter: Nachdem mich der Arzt untersucht und festgestellt hat, dass ich nur völlig ausgetrocknet, fast verhungert und total erschöpft war, geht es mir wieder gut. Schließlich habe ich mehrere Tage lang auf dem Schiff schlafen können.

Max: Für einen Außenstehenden ist es ein Wunder, so lange ohne Hilfe auf offener See überlebt zu haben. Wie haben Sie das geschafft?

Senter: Ja, das ist eine ganz besondere Geschichte. Zunächst griff ich nach dem Untergang nach dem ersten Gegenstand, den ich im Wasser fand, und das war eine Planke. Was war ich entsetzt, als ich sah, dass auf meine Planke der Schiffshund zuschwamm! Ausgerechnet ein Hund, wo ich Hunde eigentlich gar nicht leiden kann!

Max: Aber, Sie haben den Hund noch jetzt bei sich!

Senter: Ja, den werde ich auch nicht mehr hergeben, das kann ich klar sagen!

Max: Warum hat sich denn Ihre Einstellung zu dem Hund verändert?

Senter: Am Anfang dachte ich, dieser Hund, der nimmt mir die Rettungsplanke weg und ich muss untergehen. Erst wollte ich ihn auch loswerden und habe ihn immer wieder runtergeschubst. Ich erkannte nach kurzer Zeit, dass der Hund es trotzdem länger aushalten wird im Wasser als ich. Und das hat mich wütend gemacht. Die Wut ist aber bald verflogen, weil der Hund mein „Retter" war ...

Max: Das müssen Sie näher erklären!

Senter: Der Hund hat einfach nur seine Pfoten auf die Planke gelegt und ist ganz entspannt auf dem Wasser getrieben. Ich dagegen hatte regelrecht Panik! Ich dachte mir, der weiß nicht wie ich, dass wir sterben müssen. Ich habe mich dann mit meiner Hose an der Planke festgebunden. Als der Hund schwächer wurde und immer wieder von der Planke abrutschte, zog ich mein Hemd aus und band ihn damit fest.

Max: Wieso das?

Senter: Ich trieb ja nun schon einige Zeit auf dem Wasser und hätte mich eigentlich total einsam und verlassen fühlen müssen. Durch den Hund war das aber anders. Der gab mir einfach die Kraft durchzuhalten. Wenn ich in diese Augen sah, dann fühlte ich mich nicht mehr allein und das half mir.

Max: Dennoch vergingen insgesamt sechs Tage bis zu Ihrer Rettung. Wie ging es weiter?

Senter: Einmal – es wird so am vierten Abend gewesen sein, fuhr ein Dampfer an uns vorbei. Aber der hat uns nicht entdeckt, obwohl ich schrie, so laut ich konnte und der Hund wie verrückt bellte. Als sich der Dampfer entfernt hatte, hörte der Hund auf zu bellen, während ich immer noch sinnlos weiterrief. Es hat etwas Zeit gebraucht, bis ich die Sinnlosigkeit meines Verhaltens begriff Vor allem hätte ich nie gedacht, dass man von einem dummen Hund etwas lernen kann!

Max: Was genau haben Sie von dem Hund gelernt?

Senter: Er hat einfach nur getan, was getan werden musste, sich festgehalten und gewartet. Und ich, ich brüllte erst mal sinnlos weiter! Dieser Hund ist durch sein Verhalten, durch seine Ruhe und seine geduldigen Augen ein Vorbild für mich geworden. Diese schreckliche Situation hat uns zusammengeschweißt!

Max: Kann man sagen, er ist Ihr bester, Ihr treuester Freund geworden?

Senter: Ja, in der Tat! Besser kann man es gar nicht sagen!

Max: Ich danke Ihnen für das Gespräch, das mir gezeigt hat, wie in einer Notsituation eine Freundschaft zwischen einem Menschen und einem Tier entstanden ist.

Sachtext

Froh im freien Fall

1. a) **Worterklärung**

☒ endgültig, bestimmt

b) **Wortbedeutung**

☒ gesteigertes Hochgefühl

2. Wort ersetzen

a) Der <u>Fluggast</u> (Fahrgenosse) hängt mit seinem Gurt vor dem Bauch des Tandem-Masters, ...

b) Dann meldet sich der <u>Berufssportler</u> (Fachmann/Experte) mit einem leichten Klaps auf den Kopf; ...

3. Sätze mit ähnlicher Bedeutung

a) Diese Form des Fallschirmspringens macht es auch Normalsterblichen möglich, einmal den Traum vom Fliegen zu erleben. (Zeile 8ff)

b) Seine braunen Augen leuchten, wenn er von diesem Erlebnis spricht. (Zeile 30f)

c) Theoretisch ist alles ganz einfach, praktisch nicht so ganz. (Zeile 59f)

d) Verbale Kommunikation ist im freien Fall einfach nicht möglich. (Zeile 65f)

4. Kreuze die richtige Antwort an.

a) ☒ Er soll die Arme verschränken und die Beine anwinkeln.

b) ☒ Michel Ruß zieht die Beine nicht hoch genug an.

5. Fragen zum Inhalt

a) Er findet über Kassel-Calden in 4000 Meter Höhe statt.

b) Man muss größer als 1,40 Meter, außerdem älter als 12 Jahre und leichter als 90 kg sein.

c) Als Ursachen für Unfälle kommt Folgendes infrage: Die Hauptursache ist menschliches Versagen. Der Springer verhält sich nicht richtig, weil er zum Beispiel nicht auf den Tandem-Master hört. Wenn der Springer während des freien Falls nicht die Arme auf dem Brustkorb verschränkt und die Beine nach hinten anwinkelt oder bei der Landung die

Beine nicht hochnimmt (falsche Körperhaltung), können sich die beiden Springer verletzen. Manchmal öffnet sich der Hauptschirm nicht oder der Springer kann nicht mehr reagieren. Allerdings öffnet sich dann automatisch ein Ersatzschirm. In solchen Fällen ist die Landung auch nicht ungefährlich.

6. Fragen zum Inhalt

a) Zu jeder Fallschirmausrüstung gehört ein Ersatzschirm. Der öffnet sich dann, wenn der Hauptschirm nicht funktioniert oder sich nicht richtig öffnet. Sollte der Springer nicht richtig oder überhaupt nicht mehr reagieren, dann öffnet ein automatisches System den Reserveschirm.

b) Vor dem Sprung gibt der Tandem-Master dem Springer eine zwanzigminütige Einweisung. Dabei erläutert er dem Springer die wichtigsten Regeln beim Sprung. In einer Trockenübung wird vor allem die richtige Körperhaltung geübt.
Der Tandem-Master steuert mit dem Freizeitspringer vor dem Bauch den freien Fall. Er muss die Flughöhe überwachen und öffnet zur richtigen Zeit den Fallschirm. Wenn er dem Passagier etwas mitteilen muss, dann gibt er ihm einen leichten Klaps auf den Kopf. Der Tandem-Master setzt bei der Landung als Erster seine Füße auf den Boden, damit sich der Springer nicht verletzt.
Der Tandem-Master ist für die gesamte Sicherheit des Springers sowie für die Technik verantwortlich.

c) Michael Ruß hat die Welt aus der Vogelperspektive gesehen. Auch ist er stolz, dass er seine Angst vor dem Absprung besiegt hat. Es ist für ihn ein besonderes Ereignis gewesen, das Gefühl des freien Falls zu erleben.

7. Wahlaufgabe

a) **Brief an deine Freundin / deinen Freund**

Hofgeismar, den 9.5.2007

Lieber Kevin,

das finde ich einfach super, dass Du solch ein Geschenk zum Geburtstag bekommen hast. Ich beneide Dich dafür!
Natürlich kommen auch Zweifel auf, ob man sich getrauen soll, aus 4000 Meter Höhe abzuspringen. Denn die Vorstellung, dass man im freien Fall nach unten auf die Erde stürzt, löst im ersten Augenblick Angst aus. Aber so weit ich weiß, dauert der freie Fall nur etwa 50 Sekunden, dann wird bereits die Reißleine des Fallschirms gezogen. Ich glaube, wenn Du Dir klar machst, wie kurz diese gefährliche Zeit ist, dann kannst Du Dich getrauen, den Gutschein einzulösen. Vor allem muss es doch unvorstellbar schön sein, wenn Du bei geöffnetem Schirm langsam nach unten schwebst und dabei die Welt von oben sehen kannst!
Von meiner großen Schwester habe ich gehört, dass ein Arbeitskollege von ihr schon mal im Tandem gesprungen ist. Der war auch total begeistert und erzählte meiner Schwester, dass man vor dem Sprung genau gesagt bekommt, wie man sich verhalten muss. Zum Beispiel übt man die Körperhaltung, die man beim Fliegen einnehmen muss, auf dem Boden als Trockenübung. Beim Springen liegt man sozusagen unter dem Profispringer angegurtet auf dem Bauch. Man darf außerdem niemals Arme und Beine ausstrecken, sondern muss die Arme vom Körper verschränken und die Beine anwinkeln. Der Profispringer ist für alles Technische verantwortlich und löst den Fallschirm aus. Auch die Landung ist nicht gefährlich, wenn Du die Beine nach oben anziehst, damit der Profispringer mit seinen Füßen das Landen übernimmt.

Du siehst, Angst brauchst du eigentlich nicht zu haben, weil der Profi ja ganz nah bei Dir ist! Wenn Du Dich an seine Anweisungen hältst, kann Dir nichts passieren. Meine Schwester erzählte mir auch, dass man im freien Fall keinesfalls sprechen kann und darf. Wenn man da den Mund öffnet, sieht man nämlich aus wie ein Karpfen. Deshalb macht sich der Profispringer mit einem leichten Klaps auf Deinen Kopf bemerkbar, sobald Du etwas falsch machst. Aber eigentlich kann man nichts falsch machen nach der gründlichen Einweisung.

Viele Leute haben Angst, dass sie abstürzen könnten, weil sich der Fallschirm nicht öffnet. Aber selbst wenn das passiert, öffnet sich immer ein Reserveschirm. Du siehst, es wird alles getan, um Unfälle zu vermeiden.

Ich an Deiner Stelle würde den Gutschein einlösen. Das muss ein unglaubliches Erlebnis sein! Wenn Deine Angst zu groß ist, also größer als die Neugier auf das Erlebnis, dann würde ich an Deiner Stelle zur Vorbereitung einen Hubschrauberflug über Kassel machen. Dann kannst Du Dir so ein bisschen vorstellen, wie es bei einem Absprung von oben aussieht.

Du siehst, die Gefahren sind nicht so groß, wie man denkt. Ich hoffe, ich habe Dir geholfen, eine Entscheidung zu fällen und wünsche Dir alles Gute! Wenn Du den Gutschein eingelöst hast, dann melde Dich mal und berichte!

Viele Grüße und bis bald

Dein Marvin

Literarischer Text

Irgendwie hat der Junge sich verändert

1. a) **Worterklärung**

☒ widersprechen / Einspruch erheben

   b) **Wortbedeutung**

☒ unsicher sein

2. Wort/Ausdruck ersetzen

a) „Meinst du?", fragte sie <u>misstrauisch (unsicher)</u>.
„Meinst du?", fragte sie <u>zweifelnd (ungläubig/kritisch)</u>.

b) Wenn er allein war und <u>sich</u> nicht <u>beherrschte</u>, hinkte er stark.
Wenn er allein war und <u>sich</u> nicht <u>unter Kontrolle hatte / nicht aufpasste</u> ...

3. Sätze mit ähnlicher Bedeutung

a) Seit zwei Jahren hackten sie alle auf seinen Kaninchen herum. (Zeile 19f)

b) Es war für ihn nicht schwer, mit Margitt ins Gespräch zu kommen. (Zeile 34f)

c) In den folgenden Wochen kamen Jülls Kaninchen ein wenig zu kurz. (Zeile 49f)

d) Acht Tage war Jüll für niemand ansprechbar. (Zeile 132)

4. Kreuze die richtige Antwort an.

a) ☒ Er leidet unter den Folgen einer Krankheit, die er als Kind hatte.

b) ☒ Berti soll auf seine körperliche Hygiene/Sauberkeit achten.

5. Fragen zum Inhalt

a) ▶ Jüll züchtet seit Langem Kaninchen und will keines verschenken.
▶ Er hat einen Züchterpreis gewonnen.
▶ Er kommt schnell mit Menschen in Kontakt (Margitt).
▶ Jüll hat sich in Margitt verliebt und kümmert sich nicht mehr so sehr um seine Tiere.
▶ Jüll hat als Kind Kinderlähmung gehabt und hinkt deshalb.
▶ Kurz bevor es regnet, fängt sein Bein an weh zu tun.
▶ Jüll hat die Mittlere Reife, in Mathe und Bio hat er eine Eins.
▶ Er lernt den Beruf Technischer Zeichner.
▶ Jüll hat geschickte Hände und baut eine Lichtorgel.
▶ Er besitzt eine Stereoanlage.
▶ Jüll riecht (stinkt) nach den Kaninchen und das stört Margitt.
▶ Jüll verkauft/verschenkt alle Kaninchen, damit Margitt bei ihm bleibt.
▶ Jüll ist sehr verletzt, als sich Margitt auf der Party mit Ludwig abgibt.
▶ ...

Vier Aussagen genügen.

b) ▶ Jüll gibt seine Kaninchen weg, weil er Margitt nicht verlieren will, denn Margitt mag die Tiere nicht, weil sie stinken.
 ▶ Jüll hofft, dass er nicht mehr nach den Tieren stinkt, wenn er sie weggegeben hat.
 ▶ Margitt ist für ihn wichtiger geworden als die Kaninchen.

c) ▶ Jüll hat viel Zeit damit verbracht, die Party zu organisieren und glaubt, Margitt ist an ihm genau so interessiert wie er an ihr.
 ▶ Jüll ist enttäuscht, dass Margitt sich auf der Party überhaupt nicht um ihn kümmert.
 ▶ Sie antwortet nur ganz kurz (uninteressiert), als er ihr vom Verkauf der Kaninchen erzählt.
 ▶ Sie interessiert sich nur noch für Ludwig und tanzt eng umschlungen mit ihm.
 ▶ Das verletzt Jüll so sehr, dass er die Party verlässt. Sicher ist er auch eifersüchtig, aber hauptsächlich fühlt er sich von Margitt ausgenutzt.

Zur Erreichung der vollen Punktzahl reicht eine Begründung.

6. Fragen zum Inhalt

a) Jüll lernt Margitt durch Ludwig auf Gerds Fete kennen.
Sie gefällt ihm mit ihren langen, blonden Haaren.
Jüll hat sich in Margitt verliebt und macht ihr Komplimente, dass ihr Name so ähnlich klingt wie der seines besten Kaninchens (Margareth).
Das findet Margitt am Anfang lustig. Aber später gehen ihr die Gespräche über Kaninchen auf die Nerven. Jüll holt sie jeden Abend am Werkstor der Fabrik von der Arbeit ab.
Drei Tage später nimmt sie ihn mit zu ihren Eltern nach Hause.
Er hilft dabei, die nächste Party (Einstandsfete) vorzubereiten. Die soll in dem leeren Schuppen stattfinden, in dem sich noch Jülls Kaninchen befinden. Jetzt sagt ihm Margitt ehrlich die Meinung. Jüll stinkt nach den Tieren, weil er zu viel mit ihnen zusammen ist.
Auf der Party gibt sich Margitt nur mit Ludwig ab. Kurz vor Ende der Party erzählt ihr Jüll, dass er die Kaninchen weggegeben hat, aber das interessiert sie nicht besonders. Als sie wieder mit Ludwig tanzt, geht Jüll enttäuscht weg.

Die volle Punktzahl ist nur dann erreicht, wenn die Entwicklung der Beziehung deutlich wird.

b) Die Überschrift „Irgendwie hat der Junge sich verändert" passt gut zu der Geschichte: Jeder Junge (oder jedes Mädchen) verändert sich, wenn er (sie) erwachsen wird. Plötzlich interessiert man sich für andere Dinge, und die vorher wichtigen Hobbys findet man kindisch.
Jüll verändert sich und trennt sich von seinen Kaninchen, weil er sich in Margitt verliebt hat. Margitt findet Jülls Hobby außerdem lächerlich. Aber erst als Margitt ganz deutlich sagt, dass alles Waschen nichts nützt und er nach den Tieren stinke, gibt er die Tiere weg.
Er möchte auf jeden Fall, dass Margitt ihn gut leiden kann. Seine Eltern denken, dass Jüll nun erwachsen geworden ist. Die Mutter sagt: „Irgendwie ist der Junge verändert." (Zeile 102)
Nach der Enttäuschung mit Margitt hat sich Jüll ein weiteres Mal verändert. Er zieht sich vollkommen zurück und spricht acht Tage mit niemandem.

7. Wahlaufgabe

a) Jülls Brief an einen Freund

Klein-Auheim, den 23.04.08

Liebe(r)............,

wir sehen uns recht wenig, und auch das Telefonieren klappt nicht so richtig. Deshalb schreibe ich Dir diesen Brief!

Mir geht es im Augenblick ziemlich schlecht, weil ich vielleicht einen großen Fehler gemacht habe.

Stell Dir vor, ich habe alle meine Kaninchen weggegeben! Und das wegen Margitt. Es fing alles so toll an auf Gerds Fete. Ich lernte sie dort kennen, und ab diesem Zeitpunkt waren wir immer zusammen. Ich dachte, es läuft alles gut, aber nein, eines Tages sagte sie mir, dass ich nach meinen Kaninchen stinken würde und das fände sie ätzend. Und was mache ich, ich gebe alle weg, verkaufe die wertvollen Tiere und habe Berti die übrigen Kaninchen geschenkt. Aber alles war umsonst. Margitt hat sich auf der nächsten Fete nur mit Ludwig abgegeben und vor meinen Augen mit ihm geknutscht.

Als ich sie zur Rede stellte und ihr auch erzählte, dass ich alle Kaninchen weggegeben habe, meinte sie nur, dass das prima sei, und tanzte direkt mit Ludwig weiter.

So habe ich meine Kaninchen ganz umsonst abgegeben.

Das hat Jupp vom Züchterverein gemerkt und mir angeboten, dass er mir ein Paar für eine neue Zucht schenken will. Einerseits ist das die Möglichkeit, dass ich wieder in meinem alten Hobby drin wäre. Die Leute vom Zuchtverein sind auch alle sehr nett. Außerdem ist es mit Margitt definitiv aus. Also hätte ich wieder genug Zeit für die Viecher. Und Spaß hat es mir immer gemacht.

Andererseits spricht doch einiges gegen die Kaninchen. Ich muss mich auf die Prüfung im nächsten Jahr vorbereiten. So viel Zeit wie früher für die Tiere hätte ich also nicht mehr. Schließlich kostet das Saubermachen der Ställe und das Füttern der Tiere doch jede Menge Zeit. Von dem Geld für das Futter mal abgesehen. Ich bin auch am Zweifeln, ob mich das nächste Mädchen, in das ich mich irgendwann mal verknallen könnte, auch wieder abblitzen lässt wegen der Kaninchen. Irgendwie fand ich die kurze Zeit mit Margitt toll, und es hat mir gut getan, eine Freundin zu haben.

Auch meine Eltern hielten mir immer meinen „Karnickelvogel" vor, und sie sind richtig froh, dass es vorbei ist. Und überhaupt: Ist Kaninchenzucht nicht etwas ganz Altmodisches, was ich als alter Opi auch noch machen könnte?

Ich weiß einfach nicht, wie ich mich entscheiden soll. Deshalb wäre es super, wenn Du mir schreibst oder mich mal anrufen könntest!

Ich warte also auf eine Antwort und schicke Dir viele Grüße

Dein Jüll

Sachtext

Cowboys und Indianer

1. a) **Worterklärung**

   ☒ überlieferter Brauch/Gewohnheit

   b) **Wortbedeutung**

   ☒ stark ausgeprägt

2. **Wort/Ausdruck ersetzen**

   a) Little Bear dreht sich gehorsam in die Richtung des Zuschauers, behält aber seinen unerschütterlichen (gleichmütigen/abgeklärten/ruhigen) Gesichtsausdruck. (Zeile 22f)

   b) Einmal im Jahr werden die Rinder zusammengetrieben und gekennzeichnet (gestempelt / mit einem Brandzeichen versehen).

3. **Sätze mit ähnlicher Bedeutung**

   a) Er ignoriert die neugierigen Blicke der Touristen. (Zeile 16f)

   b) ..., denn Anfang des 19. Jahrhunderts wurden viele Indianerstämme hierhin zwangsumgesiedelt. (Zeile 31f)

   c) Trotz moderner Hilfsmittel kann es für Cowboys sehr schwierig sein, Tiere in die richtige Richtung zu treiben. (Zeile 60ff)

   d) „Viele Leute aus meinem Stamm denken aber, ich verkaufe unsere Kultur an die Weißen", sagt Little Bear. (Zeile 78ff)

   Ohne Zeilenangabe insgesamt 0,5 Punkte Abzug.

4. **Kreuze die richtige Antwort an.**

   a) ☒ Er behält seinen stoischen Gesichtsausdruck.

   b) ☒ Vor 100 Jahren wurde den Indianern das letzte Stück Land entrissen.

5. **Fragen zum Inhalt**

   a) ▶ Little Bear ist ein Native American (Indianer).
   ▶ Er lebt in Oklahoma, einem amerikanischen Bundesstaat.
   ▶ Little Bear hat eine dunkle Hautfarbe, trägt einen langen schwarzen Zopf und hat markante indianische Gesichtszüge.
   ▶ Little Bear zieht indianische Kleidung an, schminkt sich und tanzt für die Touristen.
   ▶ Im Alltag trägt er aber Jeans und Turnschuhe.
   ▶ Er wohnt in einem normalen Haus so wie die Weißen.
   ▶ Little Bear zeigt den Touristen, wie die Indianer früher gelebt haben und baut originalgetreue Tipis.
   ▶ Little Bear arbeitet das Jahr über auf einer Rinderfarm.
   ▶ Er hat viele Cowboys als Freunde, z.B. auch Kenney, seinen Boss.
   ▶ Er wird von seinen Stammesbrüdern „Apfel" genannt (außen rot, innen weiß), weil er mit seiner Arbeit für Touristen die Indianerkultur verkauft.

   Sechs Aussagen werden erwartet.

b) ▶ Ihre Arbeit ist gefährlicher als Rodeoreiten.
▶ Die Cowboys treiben einmal im Jahr alle Rinder zusammen, die dann gekennzeichnet werden müssen.
▶ In dieser Zeit arbeiten sie oft 18 Stunden am Stück.
▶ Sie reiten dabei auf Pferden, die sie mehrmals auswechseln müssen, wenn die Strecken zu lang sind.
▶ Nur wenige Strecken können mit Trucks befahren werden. Deshalb müssen die Cowboys in der weiten Prärie Oklahomas hauptsächlich auf Pferden reiten.
▶ Es ist oft schwierig, die Tiere in die richtige Richtung zu treiben, weil es in der Prärie Hindernisse wie Wälder und Seen gibt.
▶ Auf den großen Farmen der Cowboys gibt es oft Holzhütten, in denen Touristen wohnen können. Hier zeigen sie den Touristen die Arbeit eines Cowboys.

Vier Aussagen sind zur Erreichung der vollen Punktzahl ausreichend.

c) ▶ Little Fish, ein Cherokee, erzählt, dass die verschiedenen Indianerstämme in Oklahoma sich weitgehend selbst verwalten.
▶ Die Mitglieder eines Stammes wählen eine eigene Regierung.
▶ Sie haben eine eigene Polizei und sogar eigene Krankenhäuser und Schulen.
▶ In Talequah steht mitten im Dorf ein Backsteingebäude. Das ist das Justizgebäude des Stammes.

6. Fragen zum Inhalt

a) Little Fish möchte mit dem Cherokee Heritage Center, einem Indianer-museum in der Stadt Talequah, den Touristen die Kultur der Indianer zeigen. Er führt die Touristen durch das Museum und zeigt ihnen die Geschichte der Indianer (der Cherokee). Er erklärt den Besuchern, dass die Indianer aus anderen Gegenden nach Oklahoma vertrieben worden sind und viel Leid erfahren haben. Er versucht, die Traditionen der Indianer vor dem Vergessen zu bewahren.

b) Die Touristen kommen nach Oklahoma,
▶ weil sie die Geschichte und Kultur der Indianerstämme kennenlernen wollen.
▶ weil sie erfahren möchten, wie die Arbeit der Cowboys aussieht.
▶ weil sie lernen wollen, wie ein Cowboy reitet.
▶ weil sie in der Prärie auf einer Farm Ferien machen möchte und in Holzhütten übernachten.
▶ weil sie wie Indianer in Tipis übernachten möchten.

c) Little Bear wird von manchen Stammesmitgliedern „Apfel" genannt, weil er in ihren Augen die Indianerkultur an die Weißen verrät (verkauft). Ein Apfel ist von außen rot und innen weiß. Das bedeutet, dass er nur noch äußerlich ein Indianer ist, er sieht wie ein Indianer aus, aber in seinem Charakter ist er ein Weißer. Er wohnt auch nicht in einem Tipi, sondern lebt in einem Haus, wie es die Weißen tun.

7. Wahlaufgabe

a) **Brief an deine Freundin / deinen Freund**

Talequah, den 23.4.08

Liebe(r) …,

wie Du ja weißt, habe ich in einem Preisausschreiben eine Reise nach Oklahoma gewonnen. Zuerst war ich nicht so begeistert, denn ich konnte mit Oklahoma nicht viel anfangen. Aber nun muss ich sagen, die Reise war unheimlich toll!

Als Erstes fuhren wir mit einem Truck stundenlang durch die Prärie, bis wir die riesige Farm von Kenney erreicht haben. So eine unendlich weite Landschaft habe ich noch nie gesehen!

Bei Kenney auf der Farm wohnten alle in kleinen Holzhütten. Ich war mit einem anderen 15-jährigen Mädchen zusammen. Gleich am nächsten Morgen zeigten uns die Cowboys auf einer Karte, welche langen Strecken sie reiten müssen, um die Rinder zusammenzutreiben. Das machen sie einmal im Jahr, um die Tiere zu zählen und zu markieren. Wir fuhren vierzig Minuten mit Kenney zusammen in einem Truck. Vier andere Cowboys ritten neben uns her.

Und plötzlich sahen wir sie, hinter einem Waldstück. Ich sage Dir, so viele Rinder auf einmal habe ich noch nie in meinem Leben gesehen. Mir blieb vor Staunen der Mund offen! Man kann sich kaum vorstellen, wie sie es schaffen, die Tiere zu zählen und zu kennzeichnen. Aber sie bekommen es hin! Abends machte Kenney mit den anderen noch ein großes Lagerfeuer und sie brieten uns große Steaks und Kartoffeln. Kenney erzählte uns, dass er einmal Rodeoreiter war, als er jünger war. Das muss sehr anstrengend und auch gefährlich sein, weil die Rodeoreiter ständig von den wilden Pferden abgeworfen werden. Rodeoreiten machen die Cowboys auch heute noch, sozusagen als Wettkampf und zur Unterhaltung der Touristen. Am nächsten Tag durften wir uns auf die Pferde setzen und ein Stück reiten. Sie haben extra ruhige Tiere genommen, so hatte ich keine Angst herunterzufallen. Aber wenn man zwei Stunden geritten ist, dann merkt man auch, wie anstrengend es ist. Jedenfalls, die drei Tage waren schnell um und ich dachte, dass es eigent-lich schade sei. Ich hätte noch länger hierbleiben können.

Nun kam die nächste Station, denn wir sollten auch das Leben der Indianer kennenlernen. Von dem Ort Talequah ging es weiter in das Gebiet der Cherokee-Indianer. Little Bear, ein richtiger Indianer, führte uns zu einem echten Tipi, das ist ein Zelt, in dem die Indianer früher gewohnt haben. Er hat es extra originalgetreu nachgebaut und sogar bemalt. Wie staunten wir, als er den verschlossenen Eingang des Zeltes öffnete und wir hineingehen konnten. Sogar eine aus Stein gebaute Feuerstelle befindet sich drinnen. Du wirst es nicht glauben, aber wir fühlten uns wie echte Indianer, als wir die Nacht in solch einem Tipi verbringen durften. Es war unbeschreiblich schön, den kla-ren Sternenhimmel zu betrachten.

Am nächsten Tag besuchten wir das Cherokee Heritage Center, ein Museum. Ich erfuhr viel über die einzelnen Indianerstämme. Für mich war ganz schlimm, dass die Indianer vor über 100 Jahren so viel Leid ertragen mussten. Erst versprachen die Weißen ihnen einen eigenen Staat und vertrieben sie nach Oklahoma, dabei sind viele Indianer gestorben. Dann brachen die Weißen doch ihr Versprechen, und Oklahoma gehört seitdem zu den USA. So ist es für die Cherokees sehr schwer, eigenständig zu leben. Aber sie haben es geschafft.

Wir besuchten am nächsten Tag die Cherokeeschule, und ein junger Indianer sagte uns, dass die Kinder sogar ihre Stammessprache wieder lernen. Mit uns sprach er natürlich Englisch.

Am letzten Tag haben die älteren Kinder für uns getanzt. Sie zogen ihre bunt bestickte Lederkleidung an und tanzten zu ihrem Getrommel. Jedenfalls sage ich Dir hiermit, wenn Du später die Gelegenheit hast, in die USA zu fliegen, dann kann ich Dir diese Reise wirklich empfehlen! Meine Begeisterung jedenfalls kennt keine Grenzen.

Bis zu unserem Wiedersehen schicke ich Dir viele Grüße

Dein(e) …

Literarischer Text

Der Sieger

1. a) **Worterklärung**

☒ beeindrucken

b) **Wortbedeutung**

☒ ärgern/herausfordern

2. Wort/Ausdruck ersetzen

a) Vielleicht hatte er erwartet, als er uns jetzt <u>kampfbereit/provozierend/streitlustig/frech</u> der Reihe nach anblickte, dass wir … (Zeile 1f)

b) Es herrschte eine Art Spannung, die jeder spürte, und die doch jeder <u>nicht wahrzunehmen/ zu übersehen</u> versuchte / … und doch versuchte jeder <u>so zu tun, als ob gar nichts wäre/</u>… über die jeder <u>hinwegzusehen</u> versuchte. (Zeile 12f)

3. Sätze mit ähnlicher Bedeutung

a) Vielleicht hatte der Lehrer es nicht bemerkt; er tat jedenfalls so, zog den Notizblock hervor und rechnete die Punkte noch einmal zusammen. (Zeile 31ff)

b) Sein Atem ging keuchend, und wir froren, als wir ihm ins Gesicht sahen. (Zeile 57f)

c) Ich ging schweigend an ihm vorbei, aber mein Herz schlug mir im Halse. (Zeile 97f)

d) Du kannst seinen Schatten sehen, mehr nicht, er steht da, als ob er nicht zu uns gehörte. (Zeile 110f)

4. Kreuze die richtige Antwort an

a) ☒ Er dreht sich um und zeigt Bert seinen Rücken.

b) ☒ Er hat die richtige Technik angewandt.

5. Fragen zum Inhalt

a) Bert freut sich sehr über seinen Sieg beim Fünfkampf, aber die Freunde haben Werners Wut bemerkt, weil er verloren hat. Jeder weiß, wie gefährlich es sein kann, wenn man Werner reizt. Schließlich ist Werner stärker als Bert. Die Freunde haben Angst, dass sich Werners Wut über den verlorenen Kampf gegen Bert richten könnte.

b) Die Niederlage im Kampf hat in ihm eine große Wut ausgelöst. Eigentlich will sich Werner, der ja so stark ist, mit allen drei Jungen prügeln. Er will ihnen zeigen (will ihnen damit imponieren), wie stark und mutig er in Wirklichkeit ist. Das ist für ihn die einzige Möglichkeit, damit klarzukommen, dass er von der ganzen Gruppe abgelehnt wird. Bert hat ihm einen Strich durch die Rechnung gemacht, weil er sich nicht wehren will. Dadurch würde Werner als brutaler Schlägertyp dastehen, der auf Wehrlose einprügelt, wenn er doch auf Bert losginge. Nun fühlt er sich hilflos und fängt an zu weinen.

c) Als Erstes schämt sich Werner, weil er vor allen geweint hat. Und zweitens fühlt er sich von der Gruppe sowieso ausgeschlossen und hat niemanden, zu dem er hingehen könnte. Er sehnt sich danach, zu den anderen dazuzugehören und mitzufeiern. Da das in seinen Augen aber nicht geht, schaut er nur aus seinem Versteck zu.

6. Fragen zum Inhalt

a) Der Ich-Erzähler erinnert sich an das Gespräch, das er mit seinem Vater über Werner geführt hat. Der Vater hat ihm klargemacht, dass sie alle dem Neuen keine Chance gegeben haben, in der Klasse Freunde zu finden. Als er Werner so traurig dastehen sieht, bekommt er wohl Schuldgefühle (hat er ein schlechtes Gewissen). Vielleicht überlegt er auch, was er tun könnte, um dem Außenseiter eine Chance zu geben, in der Klasse Anschluss zu finden.

b) Bert hat den Fünfkampf gewonnen, das ist sein Hauptsieg. Als der Ich-Erzähler ihn darauf aufmerksam macht, wie verloren und von allen ausgestoßen Werner dasteht, fasst er sich ein Herz und geht auf Werner zu. Obwohl der ihn vorher noch verprügeln wollte, überwindet er seine ablehnenden Gefühle und holt Werner in die Gruppe. Das ist ihm hoch anzurechnen. Man könnte auch sagen, er hat sich selbst besiegt. Werner ist in gewisser Weise auch ein Sieger. Er hat erkannt, dass es nicht allein auf körperliche Stärke ankommt, sondern dass man nur dann Freunde bekommt, wenn man fair ist. Er hat darauf verzichtet, Bert zu verprügeln. Das ist sein Sieg. Denn Bert holt ihn schließlich zu den anderen dazu. Jetzt ist er endlich in der Gruppe aufgenommen, und zwar ohne Kampf.

7. Wahlaufgabe

b) **Tagebucheintrag des Ich-Erzählers**

Das waren harte Tage! Erst passiert die Sache mit Werner und Bert. Wer hätte gedacht, dass Bert diesen Kraftprotz besiegen kann? Na ja, Technik bringt eben manchmal mehr als reine Kraft! Aber das Tollste war, dass Bert die Situation in den Griff bekam und Werner schließlich nicht zuschlug. Das hätte ich niemals gedacht, dass der sich von Bert beeindrucken lässt und dann auch noch heult. Ich war richtig erschrocken, denn Gefühle hat der ja niemals gezeigt. Nun wurde ich unsicher. War es richtig von uns, Werner immer eine Abfuhr zu erteilen? Nur, wenn ich nicht mit meinem Vater darüber geredet hätte, wäre mir nicht so schnell klar geworden, dass wir alle an Werners Situation mit schuldig waren. Wir haben ihn immer nur als Kraftpaket gesehen, das wahllos zuschlägt. Keiner von uns hat jedenfalls mitbekommen, wie allein und von uns gehasst sich Werner fühlen musste. Wo es nur ging, haben wir ihn ausgeschlossen. Und die Witze, die wir über ihn erzählt haben! Dass er sein Hirn verkauft hat und noch Schlimmeres. Wir haben ihn auch niemals zum Fußballspielen mitgenommen. Das wäre eine Möglichkeit für Werner gewesen, zu zeigen, dass er mehr kann als zuschlagen. Jetzt im Nachhinein bin ich erleichtert und froh, dass auch Bert ganz schnell reagiert hat auf dem Schulfest und ich erreicht habe, dass er zu Werner gegangen ist. Was sie wohl besprochen haben? Das muss ich aus Bert noch herauskriegen! Da bin ich neugierig. Aber die Hauptsache ist das Ergebnis. Werner jedenfalls hat sich richtig gefreut, das hat man seinem Gesicht angesehen. Und da ist mir aufgefallen, dass er eigentlich richtig nett aussieht. Er gehört jedenfalls jetzt zu unserer Gruppe und wir haben ihm eine Chance gegeben, unser Freund zu werden.

Sachtext

Kopfstand im Sand

1. a) **Worterklärung**

   ☒ Nutzen, Gewinn aus etwas ziehen

   b) **Wortbedeutung**

   ☒ mit scharfer Aufmerksamkeit betrachten

2. **Wort/Ausdruck ersetzen**

   a) „<u>Bewegliche/wandernde</u> Wasserflaschen", sagt Tommy.

   b) Noch mehrmals bremst Tommy <u>plötzlich/unvermittelt</u>.

3. **Sätze mit ähnlicher Bedeutung**

   a) Schon Minuten später zieht sich der Nebel im Zeitraffer zurück und hinterlässt nichts als Sand und wolkenlosen Himmel, ... (Zeilen 6 – 9)

   b) Fast jeden Tag führt Tommy Touristengruppen in die Wüste und zeigt ihnen die kleinen Bewohner dieser scheinbar so lebensfeindlichen Umwelt. (Zeile 17ff)

   c) Er stellt sich oben am Dünenkamm kopfüber in den Morgennebel, der auf seinem Rücken kondensiert und zu seinen Fresswerkzeugen rinnt. (Zeilen 45 – 48)

   d) Zwischen den Stängeln des Busches zeichnet sich eine längliche Kontur ab, nur die Augen schauen aus dem Sand. (Zeile 73ff)

   Ohne Zeilenangabe für a) – d) insgesamt 0,5 Punkte Abzug.

4. **Kreuze die richtige Antwort an**

   a) ☒ ... eine der trockensten Wüsten der Erde.

   b) ☒ Sie nehmen beim Fahren keine Rücksicht auf Tiere und Pflanzen.

5. **Fragen zum Inhalt**

   a) **1. Abschnitt:** Ein Besuch der Wüste Namib mit dem Touristenführer Tommy Collard / In der Wüste Namib mit Tommy Collard.
   3. Abschnitt: Wasser bekommen die Lebewesen der Wüste durch den Nebel. / Käfer sind die mobilen Wasserflaschen für andere Tiere (Beutetiere/Fressfeinde).
   5. Abschnitt: Der Touristenführer erklärt den Besuchern, welches Verhalten die Wüste Namib zerstört. / Private Quadfahrer handeln verantwortungslos und zerstören die Natur. / Die Tier- und Pflanzenwelt ist durch unkontrolliertes Quadfahren in ihrem Bestand gefährdet.

   b) ▶ Ein besonderer Käfer macht im Morgennebel einen Kopfstand im Sand. Dabei kondensiert der Morgennebel an seinem Körper zu Wasser. Das Wasser läuft dann bis zu den Fresswerkzeugen herunter. So erhält er Flüssigkeit.
   ▶ Der Gecko verträgt keine Hitze und vergräbt sich tagsüber im Sand. In 14 cm Tiefe ist es bereits 14 Grad kälter als an der Oberfläche.

▶ Die Zwergpuffotter gräbt sich in den Sand ein und schaut nur noch mit den Augen her aus. Damit ist sie für ihre Beutetiere unsichtbar und vor. Hitze geschützt. Sie bewegt sich durch Seitwärtsbewegungen fort.

▶ Eine besondere Eidechse taucht sozusagen im Sand ein (Thermaltanz) und hält dabei zwei Beine in der Luft. So kann sie ihre Körpertemperatur herabsetzen, weil nicht der ganze Körper auf dem heißen Sand aufliegt.

Auch als Antwort zulässig:

▶ Die sehr großen Wüstenelefanten der Namib können vier Tage ohne Wasser auskommen.

▶ Die Kopfstand machenden Käfer werden von anderen Tieren gefressen, die damit auch das gesammelte Wasser bekommen.

Zwei Beschreibungen genügen.

6. **Fragen zum Inhalt**

a) Die Talerpflanzen sind eine ganz besondere Pflanzenart, weil sie fast die einzigen Büsche in dieser Wüste sind. In ihnen suchen viele Tiere Schutz vor Hitze und Wind. Er vergleicht die Talerpflanzen deshalb mit einer kleinen Stadt, weil man dort bei genauerem Hinsehen so viel Leben vorfindet. Es kann riskant sein, wenn man sich diesen Büschen unachtsam nähert oder gar in ihnen herumstochert. Wird ein gefährliches Tier (die Zwergpuffotter), das (die) sich dort versteckt hat, auf diese Weise gestört, müssen Touristen mit einem Angriff rechnen.

Erforderlich: Schutzfunktion des Busches, Bedeutung des Wortes „Stadt" in diesem Zusammenhang, Gefährlichkeit erkennen

b) ▶ Tommy macht Führungen, weil er den Touristen etwas über den Naturschutz in der Wüste Namib beibringen will.

▶ Tommy möchte mit seinen Führungen viele Menschen auf die Bedeutung des Naturschutzes in der Wüste Namib aufmerksam machen.

▶ Tommy möchte mit seinen Informationen über die besonderen Lebensformen in der Namib helfen, dass sich die Touristen dort vernünftig verhalten.

▶ Tommy versucht den Touristen klarzumachen, dass man die Wüste nicht nur als einen Raum der Freiheit verstehen darf, sondern dass man auch viel Verantwortung für die Erhaltung dieses besonderen Lebensraumes hat.

▶ Tommy sagt: „Wir müssen verstehen, dass wir hier draußen zwar alle Freiheit haben, aber auch viel Verantwortung" (Zeile 115f).

c) ▶ Tommy bietet unterschiedliche Führungen an: für Schüler, für Touristen und sogar für Quadbike-Fahrer.

▶ In seiner fünfstündigen „Living Desert Tour" erklärt er den Touristen die verschiedenen Überlebensweisen der Wüstentiere.

▶ Tommy kann die Menschen durch seine lebendige Darbietung der Wüstentiere begeistern, sodass sie sich für den Naturschutz interessieren.

▶ Er macht auch Führungen für Quadbiketouren-Anbieter, damit sie lernen, verantwortungsvoll mit der Natur umzugehen. Den Anbietern von Quadbike-Touren macht er sogar kostenlose Angebote, damit sie mit ihren Touristen nur noch auf festgelegten Routen herumfahren. Er hat die Quadbike-Fahrer überzeugt, dass die empfindliche Natur nur erhalten bleibt, wenn sie auf vorher festgelegten Wegen fahren.

▶ Er ist für alle ein Beispiel, weil er mit seinen Gruppen nur auf festen Routen unterwegs ist.

▶ Er geht sehr behutsam mit den vorgeführten Tieren um und ist damit ein Vorbild für die Touristen.

Zur Erreichung der vollen Punktzahl reichen zwei Aspekte.

7. Wahlaufgabe

a) **Interview mit Tommy**

Max: Hallo, Tommy! Prima, dass wir dich bei deinem Besuch in Deutschland für ein Interview bekommen haben. Im letzten Jahr haben sich die Abschlussklassen in einem Projekt mit dem Naturschutz in extremen Lebensräumen beschäftigt. Was kannst du uns über deine Arbeit in Afrika erzählen?

Tommy: Meine Arbeit ist sozusagen mein Hobby. Ich lebe in Swakopmund am Rande der Wüste Namib. Diese Wüste wird bei den Touristen immer beliebter, sodass wir täglich geführte Touren anbieten.

Max: Was erwartet die Touristen, wenn sie mit dir unterwegs sind?

Tommy: Tourist ist nicht gleich Tourist. Ich führe ganz unterschiedliche Gruppen: Schüler, Erwachsene und die Anbieter von Quadbike-Touren. Ein Ziel ist für alle gleich. Ich möchte den Menschen den Lebensraum Wüste nahe bringen. Auf den ersten Blick meinen alle, dort gibt es kein Leben, weil es wahnsinnig heiß und trocken ist. Aber schon nach kurzer Fahrtzeit halte ich in der Nähe von kleinen Büschen, und mit etwas Glück bekommen die Teilnehmer Geckos, die sich im Sand kühlen oder Kopfstand machende Käfer zu sehen.

Max: Kannst du uns das mit den Käfern mal näher erklären?

Tommy: Du wirst es kaum glauben, diese kleinen Tierchen machen am frühen Morgen einen Kopfstand, wenn es noch neblig und kalt ist in der Namib. Sie warten, bis ihnen das Kondenswasser des Nebels am Körper herunterläuft und nehmen es mit den Fresswerkzeugen zu sich.

Max: Das kann man kaum glauben! Und was erleben die Touristen sonst noch auf den Touren?

Tommy: Ich zeige ihnen, wie sich Tiere unter den kleinen Büschen, Taler-pflanzen, vor Hitze und Wind versteckt halten. Manchmal begegnet uns auch die seltene Zwergpuffotter. Auch sie gräbt sich im Sand ein und ist ein Überlebenskünstler der Wüste, den man kaum sieht.

Max: Die Schlange ist doch gefährlich oder?

Tommy: Ja, allerdings! Gerade weil man sie nicht auf den ersten Blick erkennt. Aber so wie ich es mache, also ganz vorsichtig, begeistern sich die Touristen sehr schnell für diesen einzigartigen Lebensraum. Ich kann sie dann überzeugen, dass man die Wüste schützen und erhalten muss. Das gelingt mir aber nicht bei allen Leuten gleich schnell.

Max: Wieso das?

Tommy: Eine schwierige Aufgabe ist es, die Quadbike-Fahrer davon zu überzeugen, dass die Wüste ein empfindlicher Lebensraum ist. Früher rasten sie mit ihren lauten Fahrzeugen querfeldein und ohne Rücksichtnahme durch die Namib, zerstörten kleine Pflanzen und fuhren viele Chamäleons tot. Heute bin ich so weit, dass die Anbieter solcher Biketouren nur noch auf festgelegten Routen fahren und damit auch ihren Teil beitragen zum Erhalt des Lebens.

Max:	Ich glaube, dass sich viele unserer Schülerinnen und Schüler auch für eine solche Tour interessieren könnten, zumindest später mal. So wissen wir jetzt, dass du mit deinem Einsatz auch dafür sorgst, dass die Touristen nicht sinnlos die Wüste Namib mit den Quadbikes kaputt machen können. Ich wünsche dir auch im Namen unserer Schülerinnen und Schüler weiterhin Erfolg bei deiner Arbeit! Tschüss und gute Heimreise!
Tommy:	Danke, gern geschehen. Ich lasse dir noch Informationsmaterial für Interessierte da! Tschüss, Max!

Literarischer Text

Die Chance

1. a) **Worterklärung**
☒ heimlich

b) **Wortbedeutung**
☒ sich in die Luft erheben

2. Wort/Ausdruck ersetzen

a) Ganz schön <u>unbehaglich/unwohl</u> ist ihm dabei...

b) Dann ist die <u>Sache/Angelegenheit/Maßnahme</u> beendet.

3. Sätze mit ähnlicher Bedeutung

a) Anscheinend hat das keiner bemerkt (Zeile 29f).

b) Vor seinen Augen tanzen lauter bunte Bilder und er hat Mühe, sie in eine Reihe zu kriegen (Zeile 43f).

c) Alle huschen auf ihre Plätze und warten gespannt, wie das ausgeht (Zeile 96f).

d) Die letzte Stunde hat noch nicht begonnen, als der Schröder plötzlich im Raum steht und strahlt (Zeile 109f).

4. Kreuze die richtige Antwort an

a) ☒ Er ist rund wie ein Pille.

b) ☒ Er ist verzweifelt und muss seine Tränen unterdrücken.

5. Fragen zum Inhalt

a) Herr Schröder reagiert nur mit einem bösen Blick, als Edgar ihn mit der weggekickten Coladose trifft. Er straft Pille deswegen nicht. Der Lehrer hat die Probleme Edgars mit seinen Klassenkameraden erkannt. Deshalb spricht er mit ihnen, als der Taschenrechner aus Edgars Schulranzen verschwunden ist. Der Lehrer ist sich sicher, dass nur ein Mitschüler den Taschenrechner aus Edgars Ranzen gestohlen haben kann. Er beruhigt ihn, nimmt ihn vor den anderen in Schutz und hat eine gute Idee, wie Edgar den Taschenrechner zurückbekommen kann.

Das reine Abschreiben von Textstellen ist nicht zu werten.

b) Edgar ist ein Außenseiter in der Klasse, unter anderem weil er so dick wie eine Pille ist (Zeilen 8 – 13). Gleich als er das erste Mal in die Klasse kommt, ruft Ralph mit einer Art Westernschrei: „Guckt mal, Pille ist da!" (Zeile 12), und so hat er seinen Spitznamen bekommen. Keiner hilft ihm, als er von Ralph beschimpft wird, weil er so schlechte Noten hat („Mann, bist du bescheuert!", Zeile 3f). Sie schauen ihn nur mitleidig an (Zeile 5f).
Die Mitschüler ärgern ihn anscheinend dauernd. So hat einer von ihnen Edgars Taschenrechner aus dem Ranzen genommen. Als Edgar ihn vergeblich sucht, beschimpft

Ralph ihn vor allen anderen und sagt: „Hat er bestimmt weggemampft, hat gedacht, das isn' Pausenbrot!" (Zeile 68f). Die Mitschüler verspotten ihn und lachen über Ralphs „Witz" (Zeile 69).

Die volle Punktzahl wird mit der Nennung von vier Aspekten erreicht. Bloßes Abschreiben von Textstellen kann nicht gewertet werden. Ohne Angaben der Zeilen werden maximal 2 Punkte abgezogen.

6. Fragen zum Inhalt

a) ▶ Als Edgar sieht, wie viel Geld sich in Herrn Schröders Brieftasche befindet, träumt er davon, ein Raumschiff ganz aus Gold zu bauen. Dann wird er mit Sonja auf und davon gehen.

▶ In Edgars Ohren rauscht es wie das Summen eines Raumschiffes, als der Lehrer sich bei dem ehrlichen Finder seiner Brieftasche bedankt.

▶ Sonja spricht Edgar nach der Schule an und Edgar bekommt nicht nur feuchte Hände vor Aufregung, sondern es fühlt sich bei ihm so an, als ob sein Raumschiff wirklich abhebt.

Gewertet werden kann auch die Bezugnahme zum Text: „Und er fühlt sich beschwingt und leicht und das ist fast so schön wie fliegen."

b) ▶ Das Raumschiff ist für ihn die geträumte Möglichkeit, ganz schnell aus dem schrecklichen Alltag (aus der schrecklichen Wirklichkeit) mit schlechten Noten und gehässigen Mitschülern (besonders Ralph) zu fliehen.

▶ Das Abheben mit dem Raumschiff und das Fliegen überhaupt stehen für Freisein (Freiheit). So frei wie ein Vogel und ohne Sorgen, das möchte er sein, und das geht mit seinem Raumschiff ganz schnell.

▶ In das Raumschiff möchte er Sonja mitnehmen. Die ist dann bei ihm und er träumt davon, eine richtig gute Freundin in ihr zu finden.

▶ Der Gedanke an sein Raumschiff erfüllt ihn immer mit guten Gefühlen wie Freude und Erleichterung. Es würde ihn auch stolz machen, mit dem Raumschiff einfach nur abzuheben, aus seinem momentanen Leben zu fliehen.

c) ▶ Als Edgar die Brieftasche gefunden hat, hat er die Chance, sie ganz für sich zu behalten, sie also zu stehlen. Mit dem Geld könnte er sich all seine Wünsche und Träume erfüllen. Er hat aber auch die Chance, sie sofort zurückzugeben und ehrlich zu bleiben.

▶ Dann ist es Herr Schröder, der den Mitschülern eine Chance gibt, nämlich den Taschenrechner (anonym) zurückzugeben.

▶ So hat auch der Dieb des Taschenrechners die Chance, den Diebstahl rückgängig zu machen.

▶ Und schließlich erhält Edgar durch die gute Idee seines Lehrers mit dem gestohlenen Taschenrechner für sich die Chance, die Brieftasche noch rechtzeitig abzugeben. Er hat gemerkt, wie es ist, bestohlen zu werden. Er hat also die Chance genutzt, aus dieser Sache doch noch ehrlich herauszukommen.

7. Wahlaufgabe

a) In der Geschichte „Die Chance" von Peter Grosz geht es um den Jungen Edgar, genannt Pille, der durch Zufall die Brieftasche seines Lehrers auf dem Schulhof findet. Er steckt sie ein und beschließt, sie zu behalten. Denn mit dem Inhalt von 300 Mark könnte er sich ein paar Träume erfüllen.

Edgar hat sich für meine Begriffe wie ein Dieb verhalten, weil er etwas Wertvolles gefunden hat und dies nicht zurückgeben will. Soweit ich weiß, muss man sogar auf der Straße gefundene Gegenstände mit einem Wert ab 20 € bei der Polizei abgegeben. Man hat dann ein Recht auf Finderlohn. Edgar jedoch kennt den Besitzer der Brieftasche, nämlich seinen Lehrer.

Andererseits wollte Edgar seinen Lehrer nicht gezielt bestehlen und hat den Diebstahl auch nicht geplant. Er hat nur eine günstige Gelegenheit ausgenutzt und die Brieftasche an sich genommen. Im Endeffekt kommt das aber für den bestohlenen Lehrer auf das Gleiche heraus. Diebstahl ist Diebstahl, auch wenn man im ersten Moment denkt, dass Gelegenheitsdiebstahl nicht so schlimm ist wie geplantes Stehlen. Der Gelegenheitsdiebstahl wird vor allem dann problematisch, wenn der Wert so hoch ist, dass der Bestohlene einen großen finanziellen Schaden davonträgt.

Als Kind habe ich mal im Bus mein Lieblingsstofftier liegengelassen. Es wurde leider nicht im Fundbüro abgegeben. Das hat mich lange sehr geärgert und traurig gemacht. Ich habe mir immer vorgestellt, dass ein anderes Kind mein Stofftier einfach behalten und mich somit bestohlen hat. Obwohl es nicht besonders wertvoll war, war es in meinen Augen Diebstahl, auch wenn es ein Gelegenheitsdiebstahl war.

Ich glaube, Edgar hat die Brieftasche hauptsächlich deshalb zurückgegeben, weil er selbst von seinen Klassenkameraden bestohlen worden ist. Der Lehrer hat ihm geholfen, seinen Taschenrechner wiederzubekommen, und so erkennt Edgar, dass er die Brieftasche auf keinen Fall behalten darf. Er hat gemerkt, wie es ist bestohlen zu werden.

Somit hat Edgar gerade noch mal die letzte Möglichkeit genutzt und die Brieftasche abgegeben. Das war seine Chance. Hätte der Lehrer den Verlust seines Geldes bereits bemerkt, dann wäre Edgar unweigerlich ein richtiger Dieb gewesen. Denn Diebstahl – auch der Gelegenheitsdiebstahl – ist durch nichts zu entschuldigen.

Sachtext

Käpt'n Iglo auf Ökokurs

1. a) **Worterklärung**
   [X] schnell

   b) **Wortbedeutung**
   [X] regulieren

2. **Wort/Ausdruck ersetzen**

   a) Dort sind viele <u>Regeln/Vorgaben/Vorschriften/Gebote/Normen</u> verwirklicht, die Fischexperten für notwendig halten.

   b) Weil dies allerdings noch die Ausnahme ist, könnten internationale Meeresschutzgebiete <u>sicherstellen/gewährleisten/garantieren,</u> dass sich erschöpfte Bestände erholen können.

3. **Sätze mit ähnlicher Bedeutung**

a) Für das beliebteste Firmenprodukt, die Fischstäbchen, verwendet Iglo inzwischen sogar zu 100 Prozent zertifizierten Seelachs (Zeile 12ff).

b) Für eine Tonne Seezunge etwa werden bis zu elf Tonnen Beifang getötet (Zeile 34f).

c) Die Gewässer der Europäischen Union sind in einem katastrophal überfischten Zustand (Zeile 47ff).

d) Die rasant steigende Nachfrage macht zertifizierten Fisch immer teurer (Zeile 117f).

4. **Kreuze die richtige Antwort an**

a) ☒ So wird vermieden, dass Seevögel an den Köderhaken sterben.

b) ☒ wir auch in Zukunft noch Fisch essen können.

5. **Fragen zum Inhalt**

a) ▶ Meerestiere und Fische, die ungewollt (zufällig/zwangsläufig) beim Fischen in den Treibnetzen hängenbleiben, werden Beifang genannt. Dazu zählt man kleine Fische, die nicht gegessen werden können. Es bleiben aber auch Robben, Delfine, Haie, Schildkröten und sogar Wale in den Treibnetzen hängen. Weil der Fischer sie jedoch nicht gebrauchen kann,wirft er sie tot oder schwer verletzt zurück ins Meer.

b) ▶ Es entsteht noch mehr (deutlich mehr) Beifang, weil die Fischer, so schnell es geht, nur eine Fischart fangen, bevor die Fangquote für diese Fischsorte erreicht ist. Dazu benutzen die Fischer mit Gewichten beschwerte, riesige Schleppnetze. Auf diese Weise wird der Meeresboden in bis zu 4000 Metern Tiefe restlos und radikal abgefischt. Manchmal werden dadurch auch Tiefsee-Korallen zerstört, die mehr als tausend Jahre zum Wachsen brauchen.

c) ▶ Die Fischer werden mit Jägern verglichen. Dabei sagt der Vergleich, dass die Fischer mit ihren Fangmethoden unverhältnismäßig handeln. Denn würde ein Jäger, um Rehe zu jagen, gleich den ganzen Wald niederwalzen, gäbe es sicher Proteste von Umweltschützern. Der Lebensraum Wald wäre dann zerstört. Bei den Fischern aber richten die großen Schleppnetze mit den angehängten Gewichten großen Schaden an der Umwelt an. Sie fischen den Meeresgrund so gründlich ab, dass dort viele Jahre (Jahrzehnte) oder sogar nie wieder neues Leben entstehen kann.

6. **Fragen zum Inhalt**

a) ▶ Das Ziel ist es, zu verhindern, dass beim Fischen zu viel Beifang entsteht.
▶ Die Treibnetze sind bis zu 60 km lang und haben eine Tiefe von 40-50 Metern. Durch die Größe ist es kein Wunder, dass sich in ihnen an die Hunderttausende von Robben, Delfinen, Schildkröten und sogar Wale verfangen, die dabei ums Leben kommen. Lebende Tiere, die aus den Treibnetzen ins Meer zurückgeworfen werden, sind meist schwer verletzt und sterben dann grausam.
▶ Das Verbot durch die UN und die EU soll dieses grausame Sterben und Ausrotten von Tieren stoppen.

b) ▶ Durch die Festlegung einer Fangquote versucht man, den Fischbestand zu erhalten. Die Fangquote liegt 25 % unter der von Meeresbiologen empfohlenen Grenze.
▶ Wie viel Beifang erlaubt ist, regelt eine Richtlinie. Wenn diese Menge in einem Gebiet überschritten ist, wird es für das weitere Fischen gesperrt.

▶ Jedes Schiff muss sich an eine eigene Fangquote halten.
▶ Die Überwachung der Richtlinien erfolgt durch unabhängige Kontrolleure, die auf jedem Boot mitfahren.
▶ Die Netze sind so eingestellt, dass zu kleine Fische nicht mehr hängenbleiben.
▶ Die Schleppnetze schweben frei im Wasser, sodass der Meeresboden nicht mehr berührt und beschädigt wird.
▶ Im Südatlantik hat man die Langleinenfischer aufgefordert, an den Kunststoffseilen Gewichte zu befestigen, damit die Köderhaken nicht an der Wasseroberfläche schwimmen und Seevögel anlocken, die durch das Verschlucken der Köder ertrinken würden.
▶ Die Verwendung von Treibnetzen ist verboten.
▶ Das Fischen erfolgt bei Nacht.

c) Der MSC (Rat zur Bewahrung der Meere) hat erkannt, dass nur die Einhaltung der strengen Richtlinien zum Fischfang hilft, die Fischbestände zu erhalten. Eine Überfischung der Meere führt zur Ausrottung der Meerestiere. Es gäbe somit keinen Fisch mehr, der zum Verkauf angeboten werden könnte. Deswegen schließen sich immer mehr Fischereien dem MSC an. So weiß der Kunde, der den Fisch mit diesem Zeichen (Zertifikat) kauft, dass seine Ware umweltschonend gefangen worden ist. Wenn die Nachfrage nach zertifiziertem Fisch steigt, wird der Fisch allerdings teurer. Das sollte man der Umwelt zuliebe aber akzeptieren.

7. Wahlaufgabe

b) Jonas Cilik
SV-Sprecher
Sophienschule Frankfurt am Main

Frankfurt, 5.5.2010

Herrn
Rektor K. Becker
Sophienschule Frankfurt am Main

Schulmensa – Auswahl der Fischgerichte

Sehr geehrter Herr Becker,

die Klasse 9 a hat sich vor einiger Zeit in einem Projekt mit Umweltfragen, insbesondere mit dem Schutz des Lebensraums „Meer" auseinandergesetzt.
Dabei haben wir erfahren, dass es aufgrund von Überfischung um das ökologische Gleichgewicht in den Weltmeeren durch Überfischung sehr schlecht bestellt ist. Vor allem lernten wir, dass das Meer durch radikale Fangmethoden mit Treib- oder Schleppnetzen alarmierend überfischt ist.
Der Anlass, warum ich mich nun an Sie wende, sehr geehrter Herr Becker, ist die Zubereitung von Fisch ohne MSC-Zertifikat in unserer Mensa. Das haben einige aus unserer Klasse auf Nachfrage beim Küchenpersonal erfahren. Man sagte uns, dass die Zubereitung von nicht zertifiziertem Fisch „ganz einfach eine Frage des Geldes sei". Tatsache ist nämlich, dass für die Mahlzeiten nur 3,50 € pro Schüler und Tag zur Verfügung stehen. Allerdings sollten auch wir an unserer Schule anfangen umzudenken, da wir sonst ebenfalls zu einem totalen Kollaps des Lebensraums Meer beitragen.
Um dies zu verhindern haben sich viele Fischereien und Handelsunternehmen strengen Richtlinien zum Fischfang unterworfen, die von Kontrolleuren des MSC (d.h. „Marine Stew-

artship Council", auf Deutsch „Rat zur Bewahrung der Meere") überprüft werden. Dafür erhalten sie dann ein Zertifikat für umweltschonenden Fischfang. Schon viele Fischereien und Handelsunternehmen haben sich diesem freiwilligen Kontrollsystem angeschlossen. Der zertifizierte Fisch ist zwar teurer, aber wir tragen mit seinem Kauf zum Wohl der Weltmeere bei. Das wiederum vermittelt uns ein gutes Gefühl. Ich halte es für wichtig, den radikalen Fangmethoden mit riesigen, durch Gewichte beschwerten Schleppnetzen entgegenzuwirken. Denn diese „rasieren" den Meeresboden mit zu jungen Fischen und allem möglichen Beifang radikal ab. Sogar Jahrtausende alte Korallenstöcke sind durch die Schleppnetzfischerei zerstört worden. Andere Methoden des Fischens wie die Treibnetzfischerei verbietet sogar die UN, aber immer wieder stellen Umweltaktivisten Verstöße gegen diese Richtlinien fest. Beim Fischen mit bis zu 60 Kilometer langen Treibnetzen, walzt sich sozusagen eine Wand des Todes in 50 Metern Tiefe durch das Meer und tötet Robben, Delfine, Wale und Meeresschildkröten. Das ist nämlich Beifang, den die Fischer nicht brauchen und einfach wegwerfen, also töten oder schwer verletzt ins Meer entsorgen.

Ich möchte Sie deshalb bitten, sich dafür einzusetzen, dass nur noch MSC-zertifizierter Fisch für unsere Schulmensa eingekauft wird. Damit tun auch wir in unserer Schule etwas für die Erhaltung der Meere!

Wir alle wissen, dass dieser Fisch teurer ist als der ohne Zertifikat. Es führt aber aus ökologischer Verantwortung heraus kein Weg an MSC-Fisch vorbei, sonst werden wir in einigen Jahren überhaupt keinen Fisch mehr essen können.

Als SV-Sprecher schlage ich Ihnen deshalb vor, besser nur alle zwei Wochen Fisch auf den Speiseplan zu bringen, dafür jedoch den MSC-zertifizierten Fisch.

Dadurch lässt sich auch mit wenig Geld viel bewirken! Und wir alle können mit gutem Gewissen Fisch essen.

Ich schreibe auch im Namen meiner Mitschülerinnen und Mitschüler, wenn ich sage, dass wir alle auf Ihr Verständnis und Ihren Einsatz zur Veränderung der Situation in der Mensa hoffen!

Falls noch Fragen ungeklärt sind, würde sich die Klasse 9 a freuen, wenn wir noch mal gemeinsam über dieses Thema diskutieren könnten!

In der Hoffnung auf eine positive Lösung verbleibe ich
mit freundlichen Grüßen

Jonas Cilik

1. Grundlagen

Aufgabe 1

-6,53 · 8,17 = -53,3501

Das Ergebnis ist negativ, weil die beiden Faktoren verschiedene Vorzeichen haben.

6,53 · 8,17 | 2 + 2 Dezimalen
5224
653
4571
1 1 1
53,3501 | 4 Dezimalen

↓

Aufgabe 2

14,2614 : 5,13
  ↓ Komma um 2 Stellen verschieben
1426,14 : 513 = 2,78
1026
4001
3591
1
4104
4104
–

Aufgabe 3

20,001 kg = 0,020001 t
Das Komma wird um 3 Stellen nach links verschoben, weil 1 t = 1000 kg

$45 \text{ m}^2 = 450\,000 \text{ cm}^2$
Das Komma wird um 4 Stellen nach rechts verschoben, weil 1 m² = 10 000 cm²

$812 \text{ l} = 812 \text{ dm}^3 = 812\,000\,000 \text{ mm}^3$ **Beachte:** 1 l = 1 dm³
Das Komma wird um 6 Stellen nach rechts verschoben, weil 1 dm³ = 1 000 000 mm³

Aufgabe 4

60% von 240 m = 144 m $\frac{3}{4}$ von 200 m = 150 m

: 10 (100% ≙ 240 m) : 10   : 4 ($\frac{4}{4}$ ≙ 200 m) : 4
· 6 (10% ≙ 24 m) · 6   · 3 ($\frac{1}{4}$ ≙ 50 m) · 3
     60% ≙ 144 m $\frac{3}{4}$ ≙ 150 m

$\Rightarrow \frac{3}{4}$ von 200 m > 60% von 240 m

Aufgabe 5

 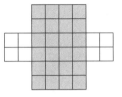

Bei 6 cm sind 75%   Bei 360° sind 75%   Bei 32 Kästchen sind 75%
4,5 cm   270°   24 Kästchen

Aufgabe 6

Zuerst müssen alle Größen in die gleiche Einheit verwandelt werden.

$0,012\ l = 0,012\ dm^3 = 12\ cm^3$ Die Umrechnungszahl ist jeweils 1000!

$12\ 000\ cm^3\qquad\ \ = 12\ 000\ cm^3$

$120\ 000\ mm^3\qquad = 120\ cm^3$

$12\ cm^3 < 120\ cm^3 < 12\ 000\ cm^3$

$0,012\ l < 120\ 000\ mm^3 < 12\ 000\ cm^3$

2. Richtig oder falsch

Aufgabe 1

Die Darstellung ist falsch.
Die Summe der Prozentwerte ist über 100%.

A (30%) + B (20%) + C (30%) + D (10%) + E (20%) = 110%

Aufgabe 2

a) Die Aussage ist richtig, denn in jedem Dreieck beträgt die Winkelsumme 180°.

b) Die Aussage ist falsch, denn es könnte $\alpha = 10°$ und $\beta = 10°$ sein.
Dann wäre $\gamma = 180° - 20° = 160°$
$10° + 10° > 160°$ ist falsch

c) Die Aussage ist falsch, denn das Dreieck könnte auch folgende Form haben:

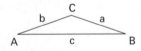

d) Die Aussage ist richtig. Wenn $\gamma = 90° \Rightarrow \alpha + \beta = 90°$, weil $\alpha + \beta + \gamma = 180°$ ist.

Aufgabe 3

a) An der Schule II sind prozentual mehr Mädchen als an der Schule I.
Die Aussage kann richtig oder falsch sein.

Annahme A

Schule I
1000 Schülerinnen und Schüler
davon 60 % Mädchen
  ≙ 600 Mädchen

Schule II
500 Schülerinnen und Schüler
davon 70 % Mädchen
  ≙ 350 Mädchen

Bei dieser Schülerzahl wäre die Aussage falsch.

Annahme B

Schule I
500 Schülerinnen und Schüler
davon 60 % Mädchen
  ≙ 300 Mädchen

Schule II
1200 Schülerinnen und Schüler
davon 70 % Mädchen
  ≙ 840 Mädchen

Bei dieser Schülerzahl wäre die Aussage richtig.

b) Auch diese Aussage kann richtig oder falsch sein.

Aufgabe 4

a) Die Aussage ist richtig, denn $a + b > c$

b) Die Aussage ist falsch, denn $\alpha + \gamma = 184°$. Im Dreieck ist aber die Summe aller drei Winkel 180°.

c) Die Aussage ist falsch. Wenn $\alpha = 90°$ ist, dann ist er auch der größte Winkel. Dem größten Winkel muss aber auch die längste Seite gegenüberliegen. Die gegenüberliegende Seite a ist aber nicht die längste Seite, weil $a < c$.

d) Die Aussage ist richtig, denn dem größten Winkel β liegt auch die größte Seite b gegenüber.

Aufgabe 5

Es gilt:
$y = 2 \cdot x \quad z = 3 \cdot y \quad \Rightarrow \quad z = 3 \cdot 2 x$
$z = 6 x$

a) Die Aussage ist falsch, denn $z = 6 \cdot x$

b) Die Aussage ist richtig. Wenn $z = 6 \cdot x$ ist, dann gilt $x = \frac{1}{6} z$

c) Die Aussage ist falsch.

d) Die Aussage ist richtig.

$$y \quad + 4 \cdot x = z$$
$$\downarrow \qquad \downarrow$$
$$2 \cdot x + 4 \cdot x = 6 \cdot x$$
$$6 \cdot x = 6 \cdot x \quad \text{Wahre Aussage!}$$

Aufgabe 6

a) Die Aussage ist richtig. x $\triangleq$ Anzahl der Einzelzimmer (1 Bett)
   y $\triangleq$ Anzahl der Doppelzimmer (2 Betten)
   34 $\triangleq$ Anzahl der Betten

b) Die Aussage ist falsch. Die Aussage wäre richtig, wenn es heißen würde:
   $x + 2 \cdot x = 34$

c) Die Aussage ist richtig. x $\triangleq$ Preis für 1 kg Fleisch (Kauf 1 kg)
   y $\triangleq$ Preis für 1 kg Wurst (Kauf 2 kg)
   34 $\triangleq$ Betrag in €

3. Gleichungen – Umstellen von Formeln

Aufgabe 1

a) $4x - (2x - 1) = -(-2 + 15x)$ Beim Auflösen einer Minusklammer ändern sich die Vorzeichen
$$4x - 2x + 1 = 2 - 15x$$
$$2x + 1 = 2 - 15x \qquad | + 15x$$
$$17x + 1 = 2 \qquad | - 1$$
$$17x = 1 \qquad | : 17$$
$$x = \frac{1}{17}$$

b) $2,8 - 3 \cdot 2,6x + 12,1 - x = 6 \cdot 5,2 - 3,4x - 0,1$ Vereinfachen
$$2,8 - 7,8x + 12,1 - x = 31,2 - 3,4x - 0,1 \qquad \text{Zusammenfassen}$$
$$-8,8x + 14,9 = 31,1 - 3,4x \quad | + 3,4x \quad \text{Auf beiden Seiten: } + 3,4x$$
$$-5,4x + 14,9 = 31,1 \quad | - 14,9 \quad \text{Auf beiden Seiten: } - 14,9$$
$$-5,4x = 16,2 \quad | : (-5,4) \quad \text{Auf beiden Seiten: } (-5,4)$$
$$x = -3$$

Aufgabe 2

$x \cdot 5 + 4 + 3x = 84 - 2x$ Es muss heißen:
$\underline{9x} + 3x = 84 - 2x$ $5x + 4 + 3x = 84 - 2x$
$$8x + 4 = 84 - 2x \quad | + 2x$$
$$10x + 4 = 84 \quad | - 4$$
$$10x = 80 \quad | : 10$$
$$x = 8$$

Aufgabe 3

$(24x - 320) : 4 - 8x \cdot 12 = (20x + 22) : 2 - 1$

$\quad 6x - 80 - 96x = 10x + 11 - 1$

$\quad -90x - 80 = 10x + 10 \qquad | - 10x$

$\quad -100x - 80 = 10 \qquad | + 80$

$\quad -100x = 90 \qquad | : (-100)$

$\quad x = -\dfrac{9}{10}$

oder $x = -0,9$

Aufgabe 4

$\dfrac{3 \cdot (x - 4)}{5} + \dfrac{7 \cdot (6 - 2x)}{10} = \dfrac{5 \cdot (-3x + 1)}{2} + 6$ ⎞ Mit dem HN = 10 multiplizieren

$\dfrac{10 \cdot 3 \,(x - 4)}{5} + \dfrac{10 \cdot 7 \,(6 - 2x)}{10} = \dfrac{10 \cdot 5 \,(-3x + 1)}{2} + 10 \cdot 6$ ⎬ Kürzen

$\quad 6\,(x - 4) + 7\,(6 - 2x) = 25\,(-3x + 1) + 60$ ⎬ Klammern auflösen

$\quad 6x - 24 + 42 - 14x = -75x + 25 + 60$ ⎬ Zusammenfassen

$\quad -8x + 18 = -75x + 85 \qquad | + 75x$

$\quad 67x + 18 = 85 \qquad | - 18$

$\quad 67x = 67 \qquad | : 67$

$\quad x = 1$

Aufgabe 5

$\dfrac{14x - 12}{3} - \dfrac{5\,(x - 5)}{6} - 3 = \dfrac{x - 1}{2} - \dfrac{1,5\,(18x + 60)}{4}$ ⎞ Mit dem HN = 24 multiplizieren

$\dfrac{24\,(14x - 12)}{3} - \dfrac{24 \cdot 5\,(x - 5)}{6} - 24 \cdot 3 = \dfrac{24\,(x - 1)}{2} - \dfrac{24 \cdot 1,5\,(18x + 60)}{4}$ ⎬ Kürzen

$\quad 8\,(14x - 12) - 20\,(x - 5) - 72 = 12\,(x - 1) - 9\,(18x + 60)$ ⎭ Klammern auflösen

$\quad 112x - 96 - 20x + 100 - 72 = 12x - 12 - 162x - 540$

$\quad 92x - 68 = -150x - 552 \qquad | + 150x$

$\quad 242x - 68 = -552 \qquad | + 68$

$\quad 242x = -484 \qquad | : 242$

$\quad x = -2$

Aufgabe 6

a) $\quad A = \dfrac{1}{2} e \cdot f \qquad | \cdot 2$

$\quad 2 \cdot A = e \cdot f \qquad | : f$

$\quad e = \dfrac{2 \cdot A}{f}$

b)

$V = \dfrac{1}{3} r^2 \pi \cdot h$ | · 3

$3 \cdot V = r^2 \pi \cdot h$ | : $(r^2 \pi)$

$h = \dfrac{3 \cdot V}{r^2 \pi}$

$V = \dfrac{1}{3} r^2 \pi \cdot h$ | · 3

$3 \cdot V = r^2 \pi \cdot h$ | : (πh)

$\dfrac{3 \cdot V}{\pi h} = r^2$ | $\sqrt{\ }$

$r = \sqrt{\dfrac{3 \cdot V}{h \pi}}$

c)

$A = \dfrac{a + c}{2} \cdot h$ | · 2

$2 \cdot A = (a + c) \cdot h$ | : (a + c)

$h = \dfrac{2 \cdot A}{a + c}$

$A = \dfrac{a + c}{2} \cdot h$ | · 2

$2 \cdot A = (a + c) \cdot h$ | : h

$\dfrac{2 \cdot A}{h} = a + c$ | − a

$c = \dfrac{2 \cdot A}{h} - a$

d)

$Z = \dfrac{K \cdot p \cdot t}{100 \cdot 360}$ | · (100 · 360)

$100 \cdot 360 \cdot Z = K \cdot p \cdot t$ | : (p · t)

$K = \dfrac{360 \cdot 100 \cdot Z}{p \cdot t}$

e)

$A = \dfrac{\alpha}{360°} r^2 \pi$ | · 360°

$360° \cdot A = \alpha \cdot r^2 \pi$ | : $(r^2 \pi)$

$\alpha = \dfrac{360° \cdot A}{r^2 \pi}$

$A = \dfrac{\alpha}{360°} r^2 \pi$ | · 360°

$360° \cdot A = \alpha \cdot r^2 \pi$ | : $(\alpha \pi)$

$r^2 = \dfrac{360° \cdot A}{\alpha \cdot \pi}$ | $\sqrt{\ }$

$r = \sqrt{\dfrac{360° \cdot A}{\alpha \cdot \pi}}$

4. Proportionale und antiproportionale Zuordnungen

Aufgabe 1

a) Anhand der Zahlenpaare (0,5 | 72) und (4 | 9) erkennt man, dass es sich um Produktgleichheit handelt:

$x \cdot y = 36$ Es liegt also eine antiproportionale Zuordnung vor: $x \cdot y$ = konstant
$0,5 \cdot 72 = 36$
$4 \cdot 9 = 36$

x	0,5	1	-2	3	4	6	5
y	72	36	-18	12	9	6	7,2

b) Anhand der Zahlenpaare (-6 | -9) und (12 | 18) erkennt man, dass es sich um Quotientengleichheit handelt:

$\frac{y}{x} = 1,5$ Es liegt also eine proportionale Zuordnung vor: $\frac{y}{x}$ ist konstant

$\frac{-9}{-6} = 1,5$

$\frac{18}{12} = 1,5$

x	-2	0,4	-6	$5\frac{1}{3}$	10	12	18
y	-3	0,6	-9	8	15	18	27

Aufgabe 2

Lösung mit dem Dreisatz.

$25 \text{ mph} \triangleq 40 \, \frac{km}{h}$

$1 \text{ mph} \triangleq \frac{40}{25} \, \frac{km}{h}$

$72 \text{ mph} \triangleq \frac{40 \cdot 72}{25} \, \frac{km}{h}$

$= 115,2 \, \frac{km}{h}$

Das Auto würde mit einer Geschwindigkeit von 115,2 $\frac{km}{h}$ fahren.

Aufgabe 3

a) **Dreisatz**   oder   **Produktgleichheit**

22 l/Tag $\triangleq$ 210 Tage

1 l/Tag $\triangleq$ 210 · 22 Tage

27 l/Tag $\triangleq \dfrac{210 \cdot 22}{27}$ Tage

      = 171,1 Tage

Der Ölvorrat würde für 171 Tage reichen.

$22\,l \cdot 210 \text{ Tage} = 27\,l \cdot x$ l : 27 l

$\dfrac{22\,l \cdot 210 \text{ Tage}}{27\,l} = x$

$x = 171,1 \text{ Tage}$

b) **Dreisatz**   oder   **Produktgleichheit**

210 Tage $\triangleq$ 22 l/Tag

1 Tag $\triangleq$ 210 · 22 l/Tag

280 Tage $\triangleq \dfrac{210 \cdot 22}{280}$ l/Tag

      = 16,5 l/Tag

Man würde täglich 16,5 Liter brauchen.

$210 \cdot 22 \text{ l/Tag} = 280 \cdot x$ l : 280

$\dfrac{210 \cdot 22}{280} \text{ l/Tag} = x$

$x = 16,5 \text{ l/Tag}$

Aufgabe 4

1. Schritt:
Berechnung der Fahrzeit.

80 km in 1 h

1 km in $\dfrac{1}{80}$ h

280 km in $\dfrac{1 \cdot 280}{80}$ h = 3,5 h

Der Pkw-Fahrer braucht 3,5 Stunden und will nun die gleiche Strecke in 3 Stunden fahren.

2. Schritt:
Berechnung der neuen Durchschnittsgeschwindigkeit.

$\boxed{s = v \cdot t}$ „Weg ist Geschwindigkeit mal Zeit"

Der Weg bleibt gleich: $s_1 = s_2 = 280 \text{ km}$

$t_1 = 3,5 \text{ h} \quad t_2 = 3 \text{ h} \quad v_1 = 80\,\dfrac{km}{h}$

Produktgleichheit:

$$v_1 \cdot t_1 = v_2 \cdot t_2$$

$80\,\dfrac{km}{h} \cdot 3,5\text{ h} = v_2 \cdot 3\text{ h} \quad \text{l} : 3\text{ h}$

$$v_2 = \dfrac{80 \cdot 3,5}{3}\,\dfrac{km}{h}$$

$$v_2 = 93,33\,\dfrac{km}{h}$$

Das Auto muss mit 93,33 $\dfrac{km}{h}$ fahren.

Aufgabe 5

a)

		1000 kwh	1500 kwh	3000 kwh
A **17,6 ct** **pro** **kWh**	Grundpreis	6,50 €	6,50 €	6,50 €
	Verbrauch	176,00 €	264,00 €	528,00 €
	Endpreis	182,50 €	270,50 €	534,50 €
B **17,5 ct** **pro** **kWh**	Grundpreis	8,00 €	8,00 €	8,00 €
	Verbrauch	175,00 €	262,50 €	525,00 €
	Endpreis	183,00 €	270,50 €	533,00 €

b) Verbrauch 1000 kWh: Kosten A < Kosten B
Verbrauch 1500 kWh: Kosten A = Kosten B
Verbrauch 3000 kWh: Kosten A > Kosten B

Ich würde mich für Angebot B entscheiden, weil die Kosten niedriger sind.

c) Die Zeichnung ③ trifft am ehesten zu, weil B anfangs teurer ist als A (siehe auch Tabelle) und ab einem gewissen Betrag (siehe Tabelle: 1500 kWh) billiger wird. Die Gerade von B verläuft dann unterhalb der Geraden von A.

① ist falsch, weil dort der Grundpreis von B niedriger wäre als der von A.

② ist falsch, weil die Preisentwicklung nicht linear, sondern mit einer gekrümmten Linie dargestellt wird.

Aufgabe 6

I. Möglichkeit

200 l in der Minute $\Rightarrow$ 60 · 200 l = 12 000 l in der Stunde

Zufluss 1: 12 000 l/h
Zufluss 2: 3 000 l/h
Gesamt: 15 000 l/h

Lösung mit dem Dreisatz.

12 000 l/h $\triangleq$ 3 Tage
    1 l/h $\triangleq$ 12 000 · 3 Tage
15 000 l/h $\triangleq \dfrac{12\,000 \cdot 3}{15\,000}$ Tage = 2,4 Tage

II. Möglichkeit

Zufluss 2: 3000 l/h $\Rightarrow \dfrac{3000}{60}$ l/min = 50 l/min

Zufluss 1: 200 l/min
Zufluss 2: 50 l/min
Gesamt: 250 l/min

Lösung mit dem Dreisatz.

200 l/min $\triangleq$ 3 Tage

1 l/min $\triangleq$ 200 · 3 Tage

250 l/min $\triangleq \dfrac{200 \cdot 3}{250}$ Tage = 2,4 Tage

III. Möglichkeit (Produktgleichheit)

Zufluss 1 · Zeit 1 = Zufluss (1 + 2) · Zeit 2

12 000 l · 3 Tage = 15 000 l · x   l : 15 000 l

$$x = \frac{12\,000\ l \cdot 3\ \text{Tage}}{15\,000\ l}$$

x = 2,4 Tage

Der Füllvorgang würde 2,4 Tage dauern.

5. Prozentrechnung

Aufgabe 1

a) $\boxed{PW = \dfrac{GW \cdot p}{100}}$ $\Rightarrow$ $PW = \dfrac{240\ € \cdot 2,5}{100}$

PW = 6 €

b) $\boxed{p = \dfrac{PW \cdot 100}{GW}}$ $\Rightarrow$ $p = \dfrac{120\ l \cdot 100}{800\ l}$

p = 15

c) $\boxed{GW = \dfrac{PW \cdot 100}{p}}$ $\Rightarrow$ $GW = \dfrac{45\ m^2 \cdot 100}{3}$

GW = 1500 m^2

Aufgabe 2

1. Schritt:
Berechnung des Preises bei Einzelkauf.
Stifte: 15 · 0,35 € = 5,25 €
Hefte: 12 · 0,60 € = 7,20 €
                          12,45 €

2. Schritt:
Berechnung des Preises bei Kauf „im Pack".
Stifte (12% Nachlass):   Hefte (8% Nachlass):
100% $\triangleq$ 5,25 €   100% $\triangleq$ 7,20 €

$88\% \triangleq \dfrac{5,25 \cdot 88}{100}\ €$ $92\% \triangleq \dfrac{7,20 \cdot 92}{100}\ €$

   = 4,62 €   = 6,62 €

4,62 € + 4,62 € = 11,24 €

3. Schritt:
Berechnung der Ersparnis.

12,45 € – 11,24 € = 1,21 €

Stefan kann bei Kauf „im Pack" 1,21 € sparen.

Aufgabe 3

1. Schritt:
Berechnung des Nettopreises.

I. Möglichkeit

119% $\triangleq$ 21 500 €

1% $\triangleq$ $\dfrac{21\,500}{119}$ €

100% $\triangleq$ $\dfrac{21\,500 \cdot 100}{119}$ €

= 18 067,23 €

II. Möglichkeit

$GW = \dfrac{PW \cdot 100}{119}$

$GW = \dfrac{21\,500 \text{ €} \cdot 100}{119}$

$GW = 18\,067{,}23$ €

2. Schritt:
Berechnung des Verlustes.

I. Möglichkeit

Weil der Verlust 12% beträgt, entspricht der Betrag von 18 067,23 € nur 88% des ursprünglichen Preises.

88% $\triangleq$ 18 067,23 €

100% $\triangleq$ $\dfrac{180\,067{,}23 \cdot 100}{88}$ €

= 20 530,94 €

Verlust: 20 530,94 € – 18 067,23 € = 2463,71 €

II. Möglichkeit

Man kann den Verlustbetrag auch direkt berechnen.

88% $\triangleq$ 18 067,23 €

12% $\triangleq$ $\dfrac{18\,067{,}23 \text{ €} \cdot 12}{88}$

= 2463,71 €

Der Autohändler hat einen Verlust von 2463,71 €.

Aufgabe 4

1. Schritt:
Berechnung des um 10% erhöhten Preises.

I. Möglichkeit

Dreisatz
100% $\triangleq$ 180 €
  1% $\triangleq$ 1,80 €
110% $\triangleq$ 110 · 1,80 € = 198 €

II. Möglichkeit

Formel

$$PW = \frac{GW \cdot p}{100}$$
$GW = 180$ €
$p = 110$

$$PW = \frac{180 \text{ € } \cdot 110}{100}$$
$$PW = 198 \text{ €}$$

Der erhöhte Preis beträgt 198 €.

2. Schritt:
Berechnung des herabgesetzten neuen Preises. Jetzt ist 198 € der neue Grundwert.

Lösung mit dem Dreisatz.
100% $\triangleq$ 198 €
  1% $\triangleq$ 1,98 €
 90% $\triangleq$ 90 · 1,98 € = 178,20 €

$$\begin{array}{r} 180,00 \text{ €} \\ - 178,20 \text{ €} \\ \hline 1,80 \text{ €} \end{array}$$

Die im Preis herabgesetzte Hose kostet jetzt 178,20 € und ist 1,80 € billiger als vorher.

Aufgabe 5

1. Schritt:
Berechnung des Gesamtpreises bei Händler A.

30% von $7250 \, € = \dfrac{30}{100} \cdot 7250 \, € = 2175 \, €$

18 Monatsraten zu je $300 \, € = 18 \cdot 300 \, € = 5400 \, €$

Gesamtkosten Händler A: $\begin{array}{r} 2175 \, € \\ + \, 5400 \, € \\ \hline 7575 \, € \end{array}$

2. Schritt:
Berechnung des Gesamtpreises bei Händler B.

40% von $7250 \, € = \dfrac{40}{100} \cdot 7250 \, € = 2900 \, €$

24 Monatsraten zu je $190 \, € = 24 \cdot 190 \, € = 4560 \, €$

Gesamtkosten Händler B: $\begin{array}{r} 2900 \, € \\ + \, 4560 \, € \\ \hline 7460 \, € \end{array}$

3. Schritt:
Berechnung der Preisdifferenz.

$7575 \, € - 7460 \, € = 115 \, €$

Ralph wird sich für den Händler B entscheiden, weil das Angebot $115 \, €$ preiswerter ist.

Aufgabe 6

Man muss schrittweise rückwärts rechnen, wobei stets der neue Grundwert berechnet wird.

$119\% \; \triangleq \; 420 \, €$ (Endpreis)

$100\% \; \triangleq \; \dfrac{420 \, € \cdot 100}{119} = 352,94 \, €$ (Verkaufspreis)

$122\% \; \triangleq \; 352,94 \, €$

$100\% \; \triangleq \; \dfrac{352,94 \, € \cdot 100}{122} = 289,30 \, €$ (Selbstkostenpreis)

$112\% \; \triangleq \; 289,30 \, €$

$100\% \; \triangleq \; \dfrac{289,30 \, € \cdot 100}{112} = 258,30 \, €$ (Einkaufspreis)

Der Einkaufspreis beträgt $258,30 \, €$.

Probe:
$258,30 \, € + 12\% = 289,30 \, €$
$289,30 \, € + 22\% = 352,95 \, €$
$352,95 \, € + 19\% = 420,01 \, €$

6. Zinsrechnung

Aufgabe 1

a) $\boxed{Z = \dfrac{K \cdot p \cdot M}{100 \cdot 12}}$ $\Rightarrow$ $Z = \dfrac{4000\ \text{€} \cdot 2{,}8 \cdot 4}{100 \cdot 12}$
$Z = 37{,}33\ \text{€}$

b) $\boxed{Z = \dfrac{K \cdot p \cdot J}{100}}$ $\Rightarrow$ $Z = \dfrac{12\,500\ \text{€} \cdot 3{,}2 \cdot 1}{100}$
$Z = 400\ \text{€}$

c) $\boxed{Z = \dfrac{K \cdot p \cdot T}{100 \cdot 360}}$ $\Rightarrow$ $Z = \dfrac{8600\ \text{€} \cdot 3{,}5 \cdot 178}{100 \cdot 360}$
$Z = 148{,}53\ \text{€}$

d) Wenn mit „Zinseszins" gerechnet wird, findet eine andere Formel Verwendung:

$$\boxed{K_n = K_0 \left(1 + \frac{p}{100}\right)^n}$$

$K_n = 9350\ \text{€} \left(1 + \dfrac{3{,}4}{100}\right)^8$

$K_n = 12\,217{,}32\ \text{€}$

Höhe der Zinsen: $Z = K_n - K_0$
$Z = 12\,217{,}32\ \text{€} - 9350\ \text{€}$
$Z = 2867{,}32\ \text{€}$

Aufgabe 2

Die Zinsformel muss umgestellt werden.

$Z = \dfrac{K \cdot p \cdot m}{100 \cdot 12}$ $\qquad | \cdot (100 \cdot 12)$

$Z \cdot 100 \cdot 12 = K \cdot p \cdot m$ $\qquad | : (p \cdot m)$

$K = \dfrac{Z \cdot 100 \cdot 12}{p \cdot m}$

$K = \dfrac{98\ \text{€} \cdot 100 \cdot 12}{3 \cdot 8}$

$K = 4900\ \text{€}$

Herr Kaiser hatte 4900 €.

Aufgabe 3

Die Zinsformel muss umgestellt werden.

$$Z = \frac{K \cdot p \cdot t}{100 \cdot 360} \qquad | \cdot (100 \cdot 360)$$

$$Z \cdot 100 \cdot 360 = K \cdot p \cdot t \qquad | : (K \cdot t)$$

$$p = \frac{Z \cdot 100 \cdot 360}{K \cdot t}$$

$$p = \frac{320 \text{ €} \cdot 100 \cdot 360}{40\,000 \text{ €} \cdot 120}$$

$$p = 2,4$$

Familie Glück erhielt 2,4% Zinsen.

Aufgabe 4

$$K_n = K_0 \left(1 + \frac{p}{100}\right)^n$$

$$37\,547,36 \text{ €} = K_0 \cdot \left(1 + \frac{3,8}{100}\right)^{12}$$

$$37\,547,36 \text{ €} = K_0 \cdot 1,038^{12} \qquad | : 1,038^{12}$$

$$K_0 = \frac{37\,547,36 \text{ €}}{1,038^{12}}$$

$$K_0 = 24\,000 \text{ €}$$

Leonard hat 24 000 € bei der Sparkasse angelegt.

Aufgabe 5

1. Schritt:
Berechnung des Kreditbetrages.
$\frac{3}{8}$ von 40 000 € = 15 000 €

2. Schritt:
Berechnung der Kosten des Angebotes A.

8,1% von 15 000 € = 1215 € [*]
Bearbeitungsgebühr: + 90 €
Kosten: 1305 €

[*] Die Zinsen können direkt mit dem Taschenrechner berechnet werden oder mit der Formel aus Aufgabe 1b.

$$Z = \frac{15\,000 \text{ €} \cdot 8,1 \cdot 1}{100}$$
$$Z = 1215 \text{ €}$$

3. Schritt:
Berechnung der Kosten des Angebotes B.

Zinsen $Z = \dfrac{15\,000\,€ \cdot 8}{100}$

$\qquad Z = 1200\ €$

Bearbeitungsgebühr 0,8% von 15 000 € = 120 €

$\qquad\quad$ 1200 €
$\qquad$ + 120 €
Kosten: 1320 €

4. Schritt:
Kostenvergleich.

1320 € – 1305 € = 15 €

Das Angebot B ist 15 € billiger.

Aufgabe 6

Kreditbetrag: 22 000 € ①

Berechnung der Bearbeitungsgebühr:
2% von 22 000 € = 440 € ②   (durch direkte Taschenrechnereingabe)

Berechnung der monatlichen Zinsen:
0,55% von 22 000 € = 121 €

Berechnung der Zinsen für 48 Monate:
48 · 121 € = 5808 € ③

Berechnung der Monatsrate:

$\qquad\qquad$ ①$\quad$ + ②$\quad$ + ③
Monatsrate $= \dfrac{22\,000\,€ + 440\,€ + 5808\,€}{48}$

Monatsrate = 588,50 €

Familie Wolf muss monatlich 588,50 € bezahlen.

7. Tabellen, Graphen, Diagramme, Schaubilder: Anfertigung und Interpretation

Aufgabe 1

a) $12 - 7 = 5$

Fünf Dreiecke haben keine besondere Form.

b) $27 - (6 + 2 + 4 + 3 + 5) = 27 - 20 = 7$

Sieben Parallelogramme sind im Schaukasten.

c) $12 + 27 = 39$

Insgesamt sind 39 Dreiecke und Vierecke im Schaukasten.

d) Alle 39 Dreiecke und Vierecke haben einen Punkt A.
Nur 27 Vierecke haben einen Punkt D.
⇒ A kommt 39-mal vor
   D kommt 27-mal vor

e) Im Schaukasten sind 27 Vierecke.

27 Vierecke $\triangleq$ 360°

1 Viereck $\triangleq \dfrac{360°}{27}$

6 Vierecke $\triangleq \dfrac{360° \cdot 6}{27} = 80°$ (Quadrate)

2 Vierecke $\triangleq \dfrac{360° \cdot 2}{27} = 26{,}7°$ (Rechtecke)

4 Vierecke $\triangleq \dfrac{360° \cdot 4}{27} = 53{,}3°$ (Trapeze)

7 Vierecke $\triangleq \dfrac{360° \cdot 7}{27} = 93{,}3°$ (Parallelogramme)

3 Vierecke $\triangleq \dfrac{360° \cdot 3}{27} = 40°$ (gleichschenklige Trapeze)

5 Vierecke $\triangleq \dfrac{360° \cdot 5}{27} = 66{,}7°$ (rechtwinklige Trapeze)

$$\overline{360°}$$

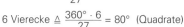

Aufgabe 2

Summe aller Prozentwerte:
20% + 25% + 35% + 20% + 5% = 105%
Katja hat 5% zu viel gezeichnet. Es kann bei dieser Fragestellung aber nicht
entschieden werden, bei welcher Altersgruppe der Fehler liegt.

Aufgabe 3

a) Im Jahr 1997 waren die wenigsten Bundesbürger erwerbstätig.

b) 1991 − 1993: 38,66 Mio − 37,54 Mio = 1,12 Mio
2001 − 2003: 39,21 Mio − 38,63 Mio = 0,58 Mio
⇒ Zwischen 1991 und 1993 war der Rückgang der Erwerbstätigkeit am stärksten.

c) Im Jahr 2007 waren 39,66 Mio Bundesbürger erwerbstätig.

I. Möglichkeit	**II. Möglichkeit**
Dreisatz:	Formel:

I. Möglichkeit
Dreisatz:
$100\% \ \triangleq \ 39{,}66 \ \text{Mio}$

$1\% \ \triangleq \ \dfrac{39{,}66 \ \text{Mio}}{100}$

$72{,}4\% \ \triangleq \ \dfrac{39{,}66 \ \text{Mio} \cdot 72{,}4}{100}$

$= 28{,}71 \ \text{Mio}$

II. Möglichkeit
Formel:
$GW = 39{,}66 \ \text{Mio} \qquad p = 72{,}4$

$$PW = \frac{GW \cdot p}{100}$$

$PW = \dfrac{39{,}66 \ \text{Mio} \cdot 72{,}4}{100}$

$PW = 28{,}71 \ \text{Mio}$

Im Jahr 2007 waren 28,71 Mio Bundesbürger im Sektor „Dienstleistungen" beschäftigt.

d) Die Addition der Prozentwerte müsste eigentlich 100% ergeben.
72,4% + 19,9% + 5,5% + 2,1% = 99,9%
Da es sich um gerundete Werte handelt, kann es sein, dass die Summe nicht genau 100% ergibt.

Aufgabe 4

Es muss zugeordnet werden:

A	→ ②

Zuerst wird der Zylinder leer, die Höhe nimmt linear ab, dann wird der Kegel leer, wobei die Wasserhöhe immer schneller abnimmt.

B	→ ④

Zuerst wird der Kegel leer, die Wasserhöhe nimmt immer langsamer ab. Dann wird der Zylinder leer, die Wasserhöhe nimmt linear ab.

C	→ ⑤

In beiden Zylindern nimmt die Wasserhöhe linear ab. Der obere Zylinder ist der größere, also nimmt dort die Wasserhöhe langsamer ab als im unteren Zylinder.

D	→ ③

Im oberen Kegel nimmt die Wasserhöhe immer langsamer ab, im unteren Kegel immer schneller.

Die Grafik ① passt zu keinem der vier Gefäße.

Aufgabe 5

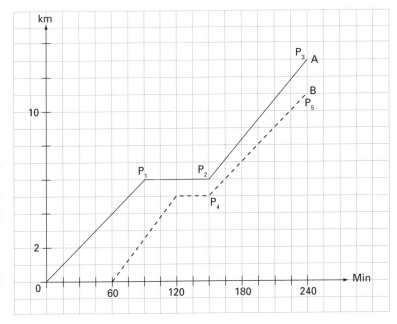

a) A ist 13 km gelaufen, B ist 11 km gelaufen.

b) Pause von A: 1 Stunde
   Pause von B: $\frac{1}{2}$ Stunde

c) A ist 4 Stunden unterwegs, B ist 3 Stunden unterwegs.

d) Laufzeit von A: 3 Stunden
   Laufzeit von B: $2\frac{1}{2}$ Stunden

e) Geschwindigkeit v_A von A:
   $3\ h \triangleq 13\ km$

   $1\ h \triangleq \frac{13}{3}\ km$

   $\Rightarrow v_A = 4{,}33\ \frac{km}{h}$

   Geschwindigkeit v_B von B:
   $2{,}5\ h \triangleq 11\ km$

   $1\ h \triangleq \frac{11}{2{,}5}\ km$

   $v_B = 4{,}4\ \frac{km}{h}$

f) A läuft in der zweiten Phase (von P_2 bis P_3) schneller, weil die Strecke $[P_2P_3]$ steiler verläuft als die Strecke $[0P_1]$.

g) Die Strecken $[0P_1]$ und $[P_4P_5]$ sind zueinander parallel $\Rightarrow$ Wanderer A hat vor der Pause die gleiche Geschwindigkeit wie Wanderer B nach der Pause.

h) Die Wanderer treffen sich nicht, weil sich die Graphen nicht schneiden.

Aufgabe 6

a) Eine Prozentangabe bezieht sich stets auf das Ganze (auf einen Grundwert).
Da die Einwohnerzahlen nicht gleich sind, ergeben die 4,1 % auch verschiedene Werte.

b) **Baden-Württemberg**

100 % $\triangleq$ 10 749 755 E.

$4,1 \% \triangleq \dfrac{10\ 749\ 755 \cdot 4,1}{100}$ E.

= 440 740 E.

Bayern

100 % $\triangleq$ 12 520 332 E.

$4,1 \% \triangleq \dfrac{12\ 520\ 332 \cdot 4,1}{100}$ E.

= 513 334 E.

Im Mai 2008 waren in Baden-Württemberg 440 740 Einwohner arbeitslos, in Bayern waren es 513 334 Einwohner.

8. Flächen (Berechnungen und Konstruktion)

Aufgabe 1

Formel

$$A = \frac{1}{2} c \cdot h_c$$

$A = \frac{1}{2} c \cdot h_c$ | · 2

$2 \cdot A = c \cdot h_c$ | : c

$\frac{2 \cdot A}{c} = h_c$

$h_c = \frac{2 \cdot 16 \text{ cm}^2}{8 \text{ cm}}$

$h_c = 4 \text{ cm}$

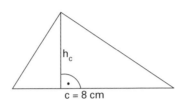

Aufgabe 2

Nach dem **Satz des Pythagoras** gilt:
$a^2 + a^2 = (9,9 \text{ cm})^2$
   $2a^2 = 98,01 \text{ cm}^2$ | : 2
    $a^2 = 49 \text{ cm}^2$ | $\sqrt{}$
     $a = 7 \text{ cm}$

Die Länge der Quadratseite beträgt 7 cm.

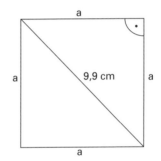

Aufgabe 3

Konstruktionsbeschreibung
1) Zeichnen von c = 4 cm ⟹ {A; B}
2) An A α = 45° antragen ⟹ [AC
3) Zeichnen eines Kreises k
    um B mit Radius a = 3 cm
4) [AC ∩ k = {C}

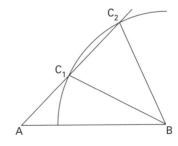

Bitte beachten: Es gibt zwei verschiedene Lösungen!

Aufgabe 4

Im Quadrat stehen die beiden Diagonalen aufeinander senkrecht.
Deshalb gilt nach dem **Satz des Pythagoras**:

$x^2 = r^2 + r^2$
$x^2 = (18\ cm)^2 + (18\ cm)^2$
$x^2 = 648\ cm^2$ $|\sqrt{\ }$
$x = 25,46\ cm$

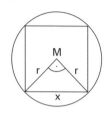

Die Seitenlänge des Quadrates beträgt 25,46 cm.

Aufgabe 5

a) C hat den x-Wert 5 weil er auf der Winkelhalbierenden liegt, also muss er auch den
y-Wert 5 haben $\Rightarrow$ C (5 | 5)

b) $A = \dfrac{1}{2}\ \overline{BC} \cdot \overline{AH}$

Flächeninhalt
eines Dreiecks:

$\overline{BC} = 4\ cm + 5\ cm$ $\overline{AH} = 3\ cm + 5\ cm$
$\overline{BC} = 9\ cm$ $\overline{AH} = 8\ cm$

$$A = \frac{g \cdot h}{2}$$

$A = \dfrac{1}{2} \cdot 9\ cm \cdot 8\ cm$

$A = 36\ cm^2$

a) c) C (5 | 5)

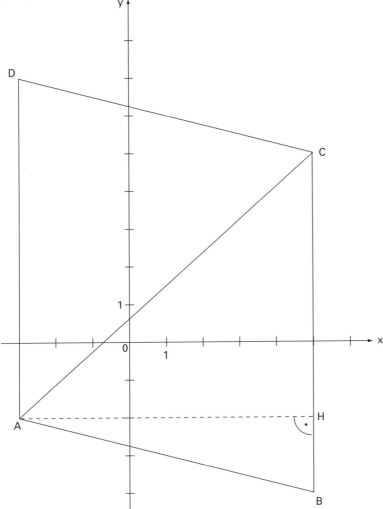

d) D (-3 | 7)

e) Das Parallelogramm ABCD hat die gleiche Grundlinie und die gleiche Höhe wie
das Dreieck ABC.
⇒ A = 9 cm · 8 cm
A = 72 cm²

Flächeninhalt
eines Parallelogramms:

$$A = g \cdot h$$

Aufgabe 6
Berechnung der Grundstücksfläche:

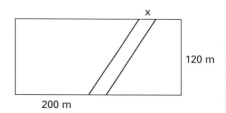

$A = a \cdot b$	$\Rightarrow$	$A = 200 \text{ m} \cdot 120 \text{ m}$
		$A = 24\,000 \text{ m}^2$

Berechnung der Wegfläche:

$PW = \dfrac{GW \cdot p}{100}$ $\begin{array}{l} GW = 24\,000 \text{ m}^2 \\ p = 2 \end{array}$ $\Rightarrow$ $PW = \dfrac{24\,000 \text{ m}^2 \cdot 2}{100}$

$PW = 480 \text{ m}^2$

Der Flächeninhalt des Weges beträgt 480 m².

Der Weg hat die Form eines Parallelogramms mit der Grundlinie x und der Höhe h = 120 m.

$A = g \cdot h$ $\Rightarrow$ $480 \text{ m}^2 = x \cdot 120 \text{ m}$ | : 120 m

$x = 4 \text{ m}$

Der Weg hat eine „Breite" von 4 m.

9. Berechnungen an Körpern

Aufgabe 1

$O = 6 \cdot a^2$ und O = 37,5 cm²

$6 \cdot a^2 = 37,5 \text{ cm}^2$ | : 6
$a^2 = 6,25 \text{ cm}^2$ | $\sqrt{}$
$a = 2,5 \text{ cm}$

Die Kantenlänge des Würfels beträgt 2,5 cm.

Aufgabe 2

1. Schritt:	**2. Schritt:**
Berechnung von r.	Berechnung von V.

$M = 2r\pi \cdot h$ $V = r^2 \pi \cdot h$ $\Rightarrow$ $V = (3 \text{ cm})^2 \cdot \pi \cdot 5$

$V = 141,37 \text{ cm}^3$

$M = 2r\pi \cdot h$ | : (2 rπ · h)

$\dfrac{M}{2\pi h} = r$

$r = \dfrac{94,25 \text{ cm}^2}{2 \cdot \pi \cdot 5 \text{ cm}}$ $\Rightarrow$ $r = 3 \text{ cm}$

Aufgabe 3

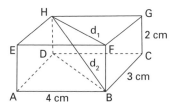

Die Diagonallängen werden mit dem **Satz des Pythagoras** berechnet:

$d_1^2 = (4\ cm)^2 + (3\ cm)^2$
$d_1^2 = 25\ cm^2$ | $\sqrt{}$
$d_1 = 5\ cm$

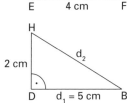

$d_2^2 = (5\ cm)^2 + (2\ cm)^2$
$d_2^2 = 29\ cm^2$
$d_2 = 5{,}39\ cm$

Aufgabe 4

$\boxed{V = r^2\,\pi \cdot h}$ $\Rightarrow$ $V = (1{,}40\ m)^2 \cdot \pi \cdot 3{,}50\ m$ $\qquad r = \dfrac{d}{2}$
$V = 15{,}39\ m^3$

$\boxed{1\ m^3 = 1000\ dm^3}$ $\Rightarrow$ $V = 15\ 390\ dm^3$

$\boxed{1\ dm^3 = 1\ l}$ $\Rightarrow$ $15\ 390\ dm^3 = 15\ 390\ l$

In den Tank passen 15 390 Liter.

Aufgabe 5

Die größte Fläche hat die Maße 12 cm und 8 cm.

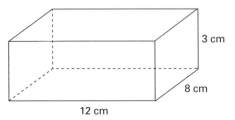

3 cm

8 cm

12 cm

Die drei Stäbe müssen so aneinander gelegt werden.

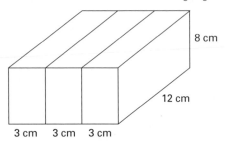

8 cm

12 cm

3 cm   3 cm   3 cm

Der neu entstandene Quader hat die Seitenlängen 12 cm, 8 cm und 9 cm.

$$O = 2 \cdot (ab + ac + bc)$$

$O = 2 \cdot (12\,\text{cm} \cdot 8\,\text{cm} + 12\,\text{cm} \cdot 9\,\text{cm} + 8\,\text{cm} \cdot 9\,\text{cm})$
$O = 2 \cdot 276\,\text{cm}^2$
$O = 552\,\text{cm}^2$

Aufgabe 6

1. Schritt:
Berechnung der zweiten Kathetenlänge mit dem **Satz des Pythagoras**.
$x^2 + (60\,\text{cm})^2 = (100\,\text{cm})^2$
$x^2 + 3600\,\text{cm}^2 = 10\,000\,\text{cm}^2$ $| - 3600\,\text{cm}^2$
$\qquad\quad x^2 = 6400\,\text{cm}^2$ $| \sqrt{}$
$\qquad\quad x = 80\,\text{cm}$

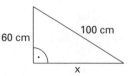

60 cm   100 cm

x

2. Schritt:
Berechnung der Höhe h_1, die aus dem Boden ragt.
$100\% - 22\% = 78\%$

78% der Säule ragen aus dem Boden.

⇒ 78% der Gesamthöhe h = 4 m ragen aus dem Boden

100% ≙ 400 cm

1% ≙ 4 cm

78% ≙ 78 · 4 cm = 312 cm

3,12 m der Säule ragen aus dem Boden.

3. Schritt:
Berechnung der sichtbaren Oberfläche.

Die Oberfläche ist die Summe
der Mantelfläche M und der Deckfläche A.

$A = \frac{1}{2} \cdot 0{,}60 \text{ m} \cdot 0{,}80 \text{ m}$

$A = 0{,}24 \text{ m}^2$

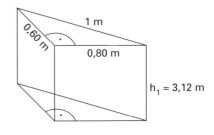

$$A = \frac{g \cdot h}{2}$$

„Aufgeklappte" Mantelfläche:

M = 2,4 m · 3,12 m

M = 7,49 m²

O = 7,49 m² + 0,24 m²

O = 7,73 m²

Aus dem Boden ragen 7,73 m² der Säule.

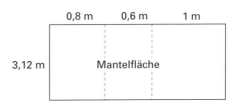

10. Beschreibende Statistik und Wahrscheinlichkeit

Aufgabe 1

$5 + 3 + 11 + 10 + 2 + 2 = 33$

$$\text{Notendurchschnitt} = \frac{5 \cdot 1 + 3 \cdot 2 + 11 \cdot 3 + 10 \cdot 4 + 2 \cdot 5 + 2 \cdot 6}{33}$$

$$= \frac{5 + 6 + 33 + 40 + 10 + 12}{33} = \frac{106}{33} = 3{,}21$$

Der Notendurchschnitt beträgt 3,21.

Aufgabe 2

Bei allen Zahlenbrettern gilt:

$$P\,(E) = \frac{\text{Anzahl der günstigen Ergebnisse}}{\text{Anzahl der möglichen Ergebnisse}}$$

Zahlenbrett 1	Zahlenbrett 2	Zahlenbrett 3
9 Zahlen	24 Zahlen	6 Zahlen
3-mal die „1"	8-mal die „1"	2-mal die „1"

$$P\,(E) = \frac{3}{9} \qquad\qquad P\,(E) = \frac{8}{24} \qquad\qquad P\,(E) = \frac{2}{6}$$

$$P\,(E) = \frac{1}{3} \qquad\qquad P\,(E) = \frac{1}{3} \qquad\qquad P\,(E) = \frac{1}{3}$$

$\Rightarrow$ Die Gewinnchancen sind bei allen drei Zahlenbrettern gleich.

Aufgabe 3

| 12 | 15 | ☐ | 23 | 28 | 30 | 34 | 34 | 40 |

a) Es stehen 9 Werte in der Rangliste $\Rightarrow$ der mittlere Wert ist der Zentralwert $\Rightarrow$ Zentralwert = 28

b) Im Platzhalter können stehen: 15, 16, 17, 18, 19, 20, 21, 22, 23

c) Spannweite $\quad d = 40 - 12$
$\qquad\qquad\qquad d = 28$

d) Wenn Zahlen fehlen bzw. unbekannt sind, kann das arithmetische Mittel nicht berechnet werden.

Aufgabe 4

① → Ⓑ   Von 6 möglichen Zahlen gibt es 3 gerade Zahlen

$$\Rightarrow P(E) = \frac{3}{6} = \frac{1}{2} \text{ („zweifelhalt")}$$

② → Ⓒ   Die Summe von 3 Zahlen kann höchstens 9 ergeben

$$\Rightarrow P(E) = 0 \text{ („unmöglich")}$$

③ → Ⓔ   Von 5 Kugeln sind 3 Kugeln schwarz

$$\Rightarrow P(E) = \frac{3}{5} \Rightarrow P(E) = 0{,}6 \text{ („wahrscheinlich")}$$

④ → Ⓓ   Von 6 möglichen Zahlen sind 2 richtig, die 1 und die 6

$$\Rightarrow P(E) = \frac{2}{6} = \frac{1}{3} \Rightarrow P(E) = 33\% \text{ („unwahrscheinlich")}$$

⑤ → Ⓐ   Es gibt nur zwei Möglichkeiten, die beide richtig sind

$$\Rightarrow P(E) = 1 \text{ („sicher")}$$

Aufgabe 5

Absolute Häufigkeit	Relative Häufigkeit		
	Bruch	Dezimalzahl	Prozent
② –	② $\frac{0}{15}$	② 0,0	0
⑥ 3	⑦ $\frac{1}{5}$	0,2	⑧ 20
2	⑨ $\frac{2}{15}$	⑩ 0,13	⑪ 13
③ 5	$\frac{1}{3}$	④ 0,33	⑤ 33
4	⑫ $\frac{4}{15}$	⑬ 0,27	⑭ 27
1	⑮ $\frac{1}{15}$	⑯ 0,07	⑰ 7
① 15			

$$\text{Relative Häufigkeit} = \frac{\text{Absolute Häufigkeit}}{\text{Gesamtzahl aller Würfe}}$$

Berechnung der Lösungsschritte ① – ⑰

① Es wurde 15-mal gewürfelt.
② 0% bedeutet, dass die „1" nicht gewürfelt wurde.
③ $\frac{1}{3}$ erweitert auf den Nenner 15 $\Rightarrow$ $\frac{5}{15}$ $\Rightarrow$ es wurde 5-mal die „4" gewürfelt.
④ 1 : 3 = 0,33 $\Rightarrow$ ⑤ 33%
⑥ I. Möglichkeit: Differenz 15 – 1 – 4 – 5 – 2 = 3

    II. Möglichkeit: $0,2 = \frac{1}{5} = \frac{3}{15}$ $\Rightarrow$ ⑦ $\frac{1}{5}$

    $\Rightarrow$ Die „2" wurde 3-mal gewürfelt.

⑧ $0,20 = \frac{20}{100} = 20\%$

⑨ $\frac{2}{15}$ $\Rightarrow$ ⑩ 2 : 15 = 0,13 $\Rightarrow$ ⑪ 13%

⑫ $\frac{4}{15}$ $\Rightarrow$ ⑬ 4 : 15 = 0,27 $\Rightarrow$ ⑭ 27%

⑮ $\frac{1}{15}$ $\Rightarrow$ ⑯ 1 : 15 = 0,07 $\Rightarrow$ ⑰ 7%

Probe
Die Summe aller Brüche und Dezimalzahlen muss 1 ergeben, die Summe der Prozentwerte muss 100 ergeben:

$$\frac{0}{15} + \frac{1}{5} + \frac{2}{15} + \frac{1}{3} + \frac{4}{15} + \frac{1}{15} = 0 + \frac{3}{15} + \frac{2}{15} + \frac{5}{15} + \frac{4}{15} + \frac{1}{15} = \frac{15}{15} = 1$$

0,0 + 0,2 + 0,13 + 0,33 + 0,27 + 0,07 = 1
0 + 20 + 13 + 33 + 27 + 7 = 100

Aufgabe 6

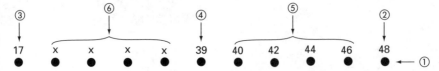

Erklärung der Lösungsschritte ① bis ⑥:

① Zuerst werden 11 Punkte für die 11 Zahlen der Rangliste markiert.
② Die Zahl 48 wird an die letzte Stelle gesetzt.
③ 48 – 31 = 17 $\Rightarrow$ Die Zahl 17 wird an die erste Stelle gesetzt.
④ Der Zentralwert 39 wird genau in die Mitte gesetzt.
⑤ Zwischen 39 und 48 sollen vier verschiedene gerade Zahlen liegen, die kleiner 48 sind.
    Das können nur sein: 40, 42, 44, 46
⑥ Zwischen 17 und 39 liegen 4 gleiche, unbekannte Zahlen x $\Rightarrow$ 4 · x

Jetzt kann mithilfe des arithmetischen Mittelwertes x bestimmt werden:

$$\frac{17 + 4 \cdot x + 39 + 40 + 42 + 44 + 46 + 48}{11} = 36$$

$$\frac{276 + 4x}{11} = 36 \qquad | \cdot 11$$

$$276 + 4x = 396 \qquad | - 276$$

$$4x = 120 \qquad | \cdot 4$$

$$x = 30$$

Die Rangliste lautet:

17 30 30 30 30 39 40 42 44 46 48

Teil 1

Aufgabe 1

Von 16.21 Uhr bis 17.00 Uhr:	39 min
Von 17.00 Uhr bis 22.00 Uhr:	5 h
Von 10.00 Uhr bis 10.10 Uhr:	10 min
	5 h 49 min

Er war 5 Stunden und 49 Minuten unterwegs.

Aufgabe 2

Sicher falsch sind die ersten beiden Größenangaben.

Angabe 3: 2000 mm = 2 m
Angabe 4: Eine Minute hat 60 sec $\Rightarrow$ 2700 sec : 60 sec = 45
$\Rightarrow$ 2700 sec = 45 min

Die Angaben 3 und 4 könnten stimmen.

Aufgabe 3

0,03 km = 30 m

☐ 30 m
☒ 300 m
☐ 300 cm
☐ 30 mm

Aufgabe 4

41,2 : 4 = 10,3
4̲
1
0̲
12
1̲2̲

Aufgabe 5

a) 21 $\boxed{>}$ -4

b) 8 $\boxed{>}$ 1

c) $\sqrt{40}$ $\boxed{<}$ 7

d) 2 : 10 $\boxed{=}$ $\frac{2}{10}$

Aufgabe 6

Falsch sind: | 3,4 | | $4 \cdot \dfrac{1}{3}$ | $4 : 3$ |

Aufgabe 7

9,50 € · 30 = 285,00 €

	Gesamtpreis	
		285,00 €
10% Rabatt	–	28,50 €
		256,50 €
Porto und Verpackung	+	4,95 €
Rechnungsbetrag		261,45 €

Aufgabe 8

a) Es sind 25%.

b) 25% sind der vierte Teil.

2 Teile

Aufgabe 9

β ist der Nebenwinkel zu 125°.
β = 180° – 125°
β = 55°

γ wird über die Winkelsumme berechnet: γ = 180° – 50° – 55°
γ = 75°

Aufgabe 10

a) Körper D hat das größte Volumen.

b) Körper C hat das kleinste Volumen.

Teil 2

Aufgabe 1

90 min = 1,5 h
54 € · 1,5 = 81 €

Susanne muss 81 € bezahlen.

Aufgabe 2

a) Zum Bild passt Tabelle D

Begründung: 2 · 1,75 € = 3,50 €
        8 · 1,75 € = 14,00 € Die Werte sind richtig!
       10 · 1,75 € = 17,50 €

b) Zum Beispiel ist Tabelle B falsch, weil 8 kg das Doppelte
von 4 kg sind, aber 15,00 € nicht das Doppelte von 7,00 €.

Aufgabe 3

a) $6x - 45 - x + 30 - 4x + 17 = 22$
        $x + 2 = 22$ $| - 2$
          $x = 20$

b) $9 \cdot (x + 7) - 13 = 5x + 54$
 $9x + 63 - 13 = 5x + 54$
   $9x + 50 = 5x + 54$ $| - 5x \quad | - 50$
     $4x = 4$ $| : 4$
      $x = 1$

Aufgabe 4

Nach dem Satz des Pythagoras gilt:

$x^2 + (80 \text{ m})^2 = (100 \text{ m})^2$
$x^2 + 6400 \text{ m}^2 = 10\,000 \text{ m}^2$ $| - 6400 \text{ m}^2$
   $x^2 = 3600 \text{ m}^2$ $| \sqrt{}$
    $x = 60 \text{ m}$

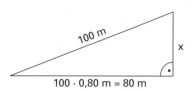

Der Drachen ist 60 m hoch gestiegen.

Aufgabe 5

Vom Volumen des Prismas muss das Volumen des Zylinders subtrahiert werden.

V_{Prisma} = 6 cm · 2 cm · 6 cm
V_{Prisma} = 72 cm³

$V_{Zylinder}$ = (2,1 cm)² · 2 cm · 3,14
$V_{Zylinder}$ = 28 cm³

V = 72 cm³ – 28 cm³
V = 44 cm³

Das Werkstück hat ein Volumen von 44 cm³.

Aufgabe 6

Angebot A: 100% ≙ 4500 €

$12\% ≙ \dfrac{4500 \cdot 12}{100}$ € = 540 € pro Jahr

⇒ 270 € im halben Jahr
Gebühren: 300 €
─────
570 € Gesamtkosten

Angebot B: 1,50 € pro Tag ⇒ Im halben Jahr: 180 · 1,50 € = 270 €
Gebühren: 260 €
─────
Gesamtkosten: 530 €

Das Angebot B ist günstiger.

Aufgabe 7

a)   Rafi fuhr um 8.10 Uhr los.

b)   B ist Markus

c)   Rafi fährt von 8.10 Uhr bis 8.40 Uhr (= $\frac{1}{2}$ Stunde)

5 km ⇒ in 1 Stunde 10 km

Rafi fuhr mit einer Geschwindigkeit von 10 $\frac{km}{h}$.

Aufgabe 8

Ein Fünftel, also 20% der Bevölkerung, hat Probleme mit der Prozentrechnung.

Aufgabe 9

$$\frac{1}{4} = \frac{2}{8} \qquad \frac{1}{2} = \frac{4}{8}$$

Der Zeiger zeigt auf $\frac{3}{8} \Rightarrow \frac{3}{8}$ des Tanks sind noch voll.

$\frac{8}{8}$ ≙ 4200 Liter

$\frac{1}{8}$ ≙ 4200 Liter : 8 = 525 Liter

$\frac{3}{8}$ ≙ 525 Liter · 3 = 1575 Liter sind noch im Tank.

4000 Liter – 1575 Liter = 2425 Liter

Sie muss mindestens 2425 Liter bestellen.

Aufgabe 10

a) A(1|3)   B(4|2)   C(4|5)

b) Grundlinie g: $\overline{BC}$ = 3 cm
    Höhe h ist der Abstand von A zur Grundlinie.

    h = 3 cm

    $A = \frac{1}{2} \cdot 3\,\text{cm} \cdot 3\,\text{cm}$

    $A = 4{,}5\,\text{cm}^2$

c)

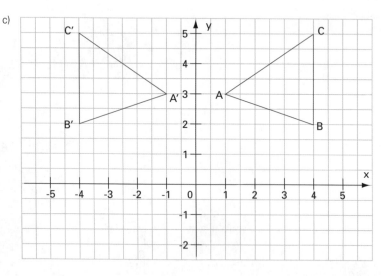

Aufgabe 11

a) In diesen Becher passt etwa $\frac{1}{4}$ Liter Flüssigkeit.

b) Man benötigt den Durchmesser und die Höhe des Bechers.

c) Durchmesser: 6 cm, Höhe: 10 cm

$V = r^2 \cdot \pi \cdot h$ $r = 3$ cm
$V = (3 \text{ cm})^2 \cdot \pi \cdot 10$ cm
$V = 282{,}74 \text{ cm}^3 \triangleq 0{,}28 \text{ dm}^3 \triangleq 0{,}28$ Liter

Aufgabe 12

a) $A = 200 \text{ cm} \cdot 140 \text{ cm}$
$A = 28\,000 \text{ cm}^2$
$A = 2{,}8 \text{ m}^2$

Die Flagge hat eine Fläche von $2{,}8 \text{ m}^2$.

b) $d = 0{,}6 \cdot 140$ cm
$d = 84$ cm

Der Durchmesser beträgt 84 cm.

c) $d = 84 \text{ cm} \Rightarrow r = 42$ cm
$A = (42 \text{ cm})^2 \cdot \pi$
$A = 5541{,}77 \text{ cm}^2$
$A = 0{,}55 \text{ m}^2$

Die Fläche beträgt $0{,}55 \text{ m}^2$.

d) Weiße Fläche: Flaggenfläche – Kreisfläche

$A = 2{,}8 \text{ m}^2 - 0{,}55 \text{ m}^2$
$A = 2{,}25 \text{ m}^2$

Die weiße Fläche ist $2{,}25 \text{ m}^2$ groß.

e) $2{,}8 \text{ m}^2 \triangleq 100\%$

     $1 \text{ m}^2 \triangleq \frac{100}{2{,}8}\%$

   $0{,}55 \text{ m}^2 \triangleq \frac{100 \cdot 0{,}55}{2{,}8}\% = 19{,}64\% \approx 20\%$

20% der Flagge sind rot gefärbt.

Aufgabe 13

a) Gleichschenkliges Trapez: $\alpha = \beta \Rightarrow \beta = 80°$

b) $\gamma + \delta = 360° - (\alpha + \beta)$
$\gamma + \delta = 360° - 160°$
$\gamma + \delta = 200°$

γ und δ haben das gleiche Maß $\Rightarrow \gamma = 100°$, $\delta = 100°$

c)

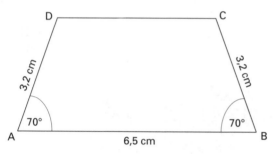

d) $h = 3$ cm $\quad c = 4{,}3$ cm

$$A = \frac{6{,}5 \text{ cm} + 4{,}3 \text{ cm}}{2} \cdot 3 \text{ cm}$$

$A = 16{,}2$ cm^2
$A \approx 16$ cm^2

Die Fläche ist 16 cm^2 groß.

Teil 1

Aufgabe 1

1 t = 1000 kg   3000 kg : 200 kg = 15
3 t = 3000 kg

Die Flusspferdmutter ist $\boxed{15}$ -mal so schwer wie ihr Baby.

Aufgabe 2

a)   8.35 Uhr –   9.00 Uhr =   25 min
        9.00 Uhr – 12.00 Uhr =   3 h
       12.00 Uhr – 12.01 Uhr =   _____1 min
                                3 h 26 min

   Er wird $\boxed{3}$ Stunden und $\boxed{26}$ Minuten unterwegs sein.

b)   9.33 Uhr – 10.00 Uhr = 27 min

   Er hat $\boxed{27}$ Minuten Zeit zum Umsteigen.

Aufgabe 3

Richtig ist

$\boxed{x}$ 2x + 8 = 40

Aufgabe 4

12,9 · 0,75
_____
    0
  903
  645
_____
9,675

Aufgabe 5

a)   15   b)   -108   c)   50 €

d)   6 Mrd.   e)   10 000   f)   5

Aufgabe 6

a) 10 Blöcke ≙ 100%
    2 Blöcke ≙ 100% : 5 = 20%

    20% der Blöcke sind blau.

b) $\frac{4}{5}$ der Blöcke sind weiß.

Aufgabe 7

$\frac{1}{3}$ von 6 cm = 2 cm   6 cm − 2 cm = 4 cm

2 cm der Schraube sind glatt.

⇒ Das Gewinde ist $\boxed{4}$ cm lang.

Aufgabe 8

Flächeninhalt der Oberseite einer CD: 110 cm^2
Länge eines Tisches: 115 cm
Durchmesser einer 1-Euro-Münze: 23 mm
Flächeninhalt eines Rechenkästchens: 25 mm^2

Aufgabe 9

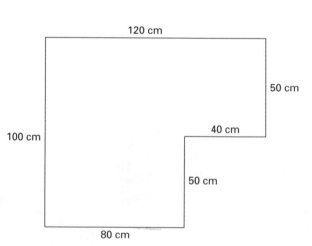

```
    120 cm
+    50 cm
+    40 cm
+    50 cm
+    80 cm
+   100 cm
    440 cm
```

Der Umfang beträgt $\boxed{440}$ cm.

Aufgabe 10

Richtig ist D.

Teil 2

Aufgabe 1

5 Waffeln für 6,75 €   ⇒   6,75 € : 5 = 1,35 € für eine Waffel
7 Waffeln für 10,15 €   ⇒   10,15 € : 7 = 1,45 € für eine Waffel
3 Waffeln für 4,05 €   ⇒   4,05 € : 3 = 1,35 € für eine Waffel

Die Person B hat falsch gerechnet.

Aufgabe 2

Die Person ist im Bild ca. 5 cm groß.
In Wirklichkeit ist die Person ca. 1,75 m groß.
Der Container ist im Bild ca. 6,5 cm hoch.

⇒   5 cm ≙ 1,75 m

$$6,5 \text{ cm} \triangleq \frac{6,5 \text{ cm} \cdot 1,75 \text{ m}}{5 \text{ cm}} \approx 2,3 \text{ m}$$

⇒ Höhe und Breite des Containers: 2,3 m
   Länge des Containers: 2,3 m · 2,5 = 5,75 m

V = 2,3 m · 2,3 m · 5,75 m
  = 30,4 m³

Der Container hat ein Volumen von ca. 30 m³.

Aufgabe 3

a) $\frac{1}{8}$ ist der 8. Teil vom Ganzen.

Der 8. Teil von 100% sind 12,5%.

Berechnung der Winkelmaße für das Kreisdiagramm:

: 2 ⌈ 100% ≙ 360° ⌉ : 2
: 2 ⌈ 50% ≙ 180° ⌉ : 2
: 2 ⌈ 25% ≙ 90° ⌉ : 2
: 2 ⌊ 12,5% ≙ 45° ⌋ : 2

Die Lieblingsbeschäftigungen der befragten Schülerinnen und Schüler

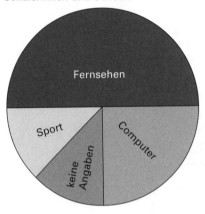

b) $100\% - 50\% - 25\% - 12,5\% = 12,5\%$
12,5% der Schüler machten keine Angaben.

$100\% \triangleq 480$ Schüler

$1\% \triangleq \dfrac{480}{100}$ Schüler

$12,5\% \triangleq \dfrac{480 \cdot 12,5}{100}$ Schüler = 60 Schüler

60 Schülerinnen und Schüler machten keine Angaben.

Aufgabe 4

$100\% \triangleq 670\,000$ Schüler

$9\% \triangleq \dfrac{670\,000 \cdot 9}{100}$ Schüler = 60 300 Schüler (neuer Grundwert)

$100\% \triangleq 60\,300$ Schüler

$22\% \triangleq \dfrac{60\,300 \cdot 22}{100}$ Schüler = 13 266 Schüler

13 266 Schülerinnen und Schüler rechneten die Aufgaben der Gruppe C.

Aufgabe 5

Es gibt zwei Möglichkeiten der Berechnung.

I. Möglichkeit

$V_1 = (1{,}5 \text{ cm})^2 \cdot \pi \cdot 3 \text{ cm}$

$V_1 = 21{,}21 \text{ cm}^3$

$V_2 = (1{,}5 \text{ cm})^2 \cdot \pi \cdot 5 \text{ cm}$

$V_2 = 35{,}34 \text{ cm}^3$

$V_3 = (1{,}5 \text{ cm})^2 \cdot \pi \cdot 8$

$V_3 = 56{,}55 \text{ cm}^3$

$V = V_1 + V_2 + V_3$

$V = 113{,}1 \text{ cm}^3 \approx 113 \text{ cm}^3$

II. Möglichkeit

Stellt man alle Zylinder aufeinander, ergibt sich eine Gesamthöhe von 16 cm.

$V = (1{,}5 \text{ cm})^2 \cdot \pi \cdot 16 \text{ cm}$

$V = 113{,}1 \text{ cm}^3 \approx 113 \text{ cm}^3$

Das Gesamtvolumen beträgt ca. 113 cm³.

Aufgabe 6

$$\begin{aligned}
3 + 2x + 9 &= 24 - 4x \\
2x + 12 &= 24 - 4x \qquad | + 4x \quad | - 12 \\
6x &= 12 \qquad\qquad | : 6 \\
x &= 2
\end{aligned}$$

Aufgabe 7

Nach dem Satz der Pythagoras gilt:

$$\begin{aligned}
h^2 + (70 \text{ cm})^2 &= (250 \text{ cm})^2 \\
h^2 &= (250 \text{ cm})^2 - (70 \text{ cm})^2 \\
h^2 &= 57\,600 \text{ cm}^2 \qquad | \sqrt{} \\
h &= 240 \text{ cm}
\end{aligned}$$

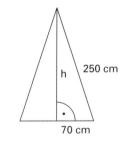

h   250 cm

70 cm

Der höchste Punkt der Leiter ist bei 2,40 m.

Aufgabe 8

Das Wasser steigt im Gefäß C gleichmäßig.
⇒ Graph 1 ist richtig
Im Gefäß A steigt das Wasser zuerst langsam, dann schneller.
⇒ Graph 2 ist richtig
Im Gefäß B steigt das Wasser zuerst schneller, dann langsamer.
⇒ Graph 3 ist richtig

| A | ⇒ | 2 | | B | ⇒ | 3 | | C | ⇒ | 1 |

Aufgabe 9

a) **Konstruktionsbeschreibung**

1) c ⇒ [AB]
2) α an A antragen ⇒ [AC
3) β = α an B antragen ⇒ [BC
4) [AC ∩ [BC = {C}

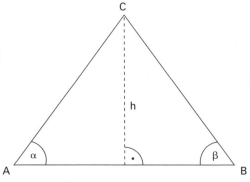

Im gleichschenkligen Dreieck haben die Basiswinkel (hier α und β) das gleiche Maß.

$A = \dfrac{c \cdot h}{2}$ Aus der Zeichnung: h = 4 cm

$A = \dfrac{6 \text{ cm} \cdot 4 \text{ cm}}{2} = 12 \text{ cm}^2$

Das Dreieck hat einen Flächeninhalt von 12 cm².

b) $A = \dfrac{c \cdot h}{2}$ c = 6 cm   A = 6 cm²

Formel umstellen

$2 \cdot A = c \cdot h$ | : c

$\dfrac{2 \cdot A}{c} = h$

$h = \dfrac{2 \cdot 6 \text{ cm}^2}{6 \text{ cm}}$

h = 2 cm

Die Höhe beträgt 2 cm.

c) $A = \dfrac{c \cdot h}{2}$ $\qquad$ $A = 6\ cm^2$ $\qquad\qquad$ $h = 1\ cm$

Formel umstellen

$2 \cdot A = c \cdot h$ $\qquad$ $\vert : h$

$\dfrac{2 \cdot A}{h} = c$

$c = \dfrac{2 \cdot 6\ cm^2}{1\ cm}$

$c = 12\ cm$

Die Seite c ist 12 cm lang.

d) Die Formel für den Flächeninhalt lautet:

$A = \dfrac{c \cdot h}{2}$

1. Dreieck $\qquad\qquad\qquad$ **2. Dreieck**

$A_1 = \dfrac{\left(\dfrac{c}{2}\right) \cdot h}{}$ $\qquad\qquad$ $A_2 = \dfrac{\left(\dfrac{c}{2}\right) \cdot 10 \cdot h}{}$

↑ diese Werte ↑
bleiben gleich

Die Höhe im 2. Dreieck ist 10-mal so lang wie die Höhe im 1. Dreieck.

⇒ Wenn bei gleicher Grundlinie die Höhe verzehnfacht wird, wird auch der Flächeninhalt 10-mal größer.

Max hat nicht Recht!

Aufgabe 10

a) Es gibt 4 hellblaue Felder und 4 gestreifte Felder.
Die Wahrscheinlichkeit eines Treffers ist bei Silvia und Martin gleich groß.

b) Von 16 Feldern ist nur ein Feld kariert.
Die Wahrscheinlichkeit eines Treffers beträgt also nur $\dfrac{1}{16}$.

c) Fünf Felder sind weiß. Alle anderen Felder kommen weniger vor.
Mit den weißen Feldern hat man deshalb die größte Wahrscheinlichkeit eines Treffers.

d) Es gibt zwei dunkelblaue Felder.
Die Wahrscheinlichkeit eines Treffers ist also $\dfrac{2}{16}$ oder $\dfrac{1}{8}$.

Bei 8 Drehungen trifft die Wahrscheinlichkeit zu, ein dunkelblaues Feld zu treffen. 8 Drehungen kosten 0,80 €, man müsste aber 1 € als Gewinn ausbezahlen.

John hat Recht.

Aufgabe 11

a) + b)

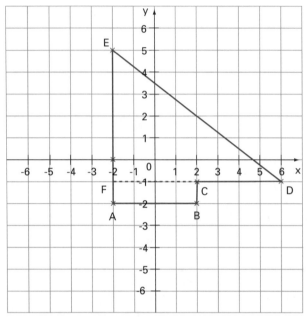

c) Die Figur wird durch die gestrichelte Linie von C nach F in das Rechteck ABCF und das Dreieck FDE zerlegt.

Es gilt dann:

$A = A_{\text{Rechteck}} + A_{\text{Dreieck}}$

$\overline{AB} = 4 \text{ cm}$ $\qquad\qquad$ $\overline{BC} = 1 \text{ cm}$

$A_R = 4 \text{ cm} \cdot 1 \text{ cm}$

$A_R = 4 \text{ cm}^2$

$\overline{FD} = 8 \text{ cm}$ (Grundlinie des Dreiecks)

$\overline{FE} = 6 \text{ cm}$ (Höhe des Dreiecks)

$A_D = \dfrac{8 \text{ cm} \cdot 6 \text{ cm}}{2}$

$A_D = 24 \text{ cm}^2$

$A = 24 \text{ cm}^2 + 4 \text{ cm}^2$

$A = 28 \text{ cm}^2$

Die Figur hat den Flächeninhalt 28 cm².

Aufgabe 12

a) 21 000 000 € : 10 000 € = 2100
   Das Geld reicht für 2100 Monate.
   2100 : 12 = 175
   Der Gewinn würde für 175 Jahre reichen.

b) 21 000 000 € : 4 = 5 250 000 €
   5 250 000 € für einen wohltätigen Zweck.
   21 000 000 € – 5 250 000 € = 15 750 000 €
   Er hat dann noch 15 750 000 €.

c) 100 % $\triangleq$ 21 000 000 €

   $4,5\% \triangleq \dfrac{21\ 000\ 000 \cdot 4,5}{100}$ € = 945 000 € im Jahr

   945 000 € : 12 = 78 750 €
   Fritzchen würde im Monat 78 750 € Zinsen erhalten.

Teil 1

Aufgabe 1

Richtig ist ☒ -2,5, weil der Abstand zwischen zwei Strichen 0,5 beträgt.

Aufgabe 2

Eine Dreiviertelstunde sind 45 Minuten.

12.17 Uhr – 17 min = 12.00 Uhr $45 - 17 = 28$

12.00 Uhr – 28 min = 11.32 Uhr

Elke kam um 11.32 Uhr an.

Man kann auch so rechnen:

12.17 Uhr – 60 min = 11.17 Uhr

Jetzt müssen wieder 15 min addiert werden:

11.17 Uhr + 15 min = 11.32 Uhr

Aufgabe 3

0,2 km sind ☒ 200 m

Aufgabe 4

a) $18,5 : 100 = 0,185$ Komma 2 Stellen nach links!

b) $\underline{1,75 \cdot 2,5}$ 2 + 1 Dezimalen

$\quad$ 3 5 0

$\quad$ $\underline{1\ 8 7 5}$ ↓

$\quad$ 4,3 7 5   3 Dezimalen

Aufgabe 5

a)   Von 12 Figuren sind 3 Figuren weiß, das ist der 4. Teil.
Das „Ganze" sind immer 100 %, der vierte Teil sind 25 %.

b)   Das „Ganze" sind 12 Figuren, davon sind 9 Figuren schwarz, also $\frac{9}{12}$.

Der Bruch muss gekürzt werden: $\frac{3}{4}$ der Figuren sind schwarz.

Aufgabe 6

a) $9\,001\,001 \cdot 3{,}99 \approx 9\,000\,000 \cdot 4 = 36\,000\,000$

Richtig ist ⊠ 36 Mio

b) $\dfrac{10}{21} \approx \dfrac{10}{20} = \dfrac{1}{2}$

Richtig ist ⊠ 0,5

Aufgabe 7

a) $\sqrt{x} = 7$ | 2   b) $x^3 = 8$
   $x = 49$ $x = 2$, weil $2 \cdot 2 \cdot 2 = 8$

c) $24 \cdot 0{,}5 = 12 \cdot x$
     $12 = 12 \cdot x$ | : 12
       $x = 1$

Aufgabe 8

$5x + 3 + 3x - 24 = 35 + x$ Zuerst
         $8x - 21 = 35 + x$ | − x   zusammenfassen
           $7x - 21 = 35$ | + 21
              $7x = 56$ | : 7
               $x = 8$

Aufgabe 9

$y = 2x - 6$
$y = 2 \cdot 5 - 6$
$y = 4$

Aufgabe 10

⊠ An der Fahrt nehmen 23 Schülerinnen und Schüler teil.

⊠ Schulklassen zahlen pro Teilnahme 22,00 € Eintritt.

Aufgabe 11

⊠

Teil 2

Aufgabe 1

Der erste Draht ist 8 · 9 cm = 72 cm lang. Die beiden anderen Drähte sind auch 72 cm lang.

a)   72 cm : 6 = 12 cm

   Ein Stück ist 12 cm lang.

b)   72 cm : 18 cm = 4

   Er erhält 4 Stücke.

Aufgabe 2

120 € : 24 =	5,00 €	für der Stadtführung
	183,60 €	Fahrt, Unterkunft, Verpflegung
	10,00 €	Eintritt Bavaria–Filmstudios
90 € : 24 =	3,75 €	Eintritt Gedenkstätte
	59,90 €	U-Bahn
	262,25 €	

Martin muss insgesamt 262,25 € bezahlen.

Aufgabe 3

1200 · 3 = 3600
10% von 3600 = 360
3600 + 360 = 3960

⇒ 1200 m sind 3960 ft.

Aufgabe 4

Berechnung der gesamten Landfläche in Mio km^2:
42 + 10,5 + 30,3 + 13,2 + 44,4 + 8,5 = 148,9

Die gesamte Landfläche beträgt 148,9 Mio km^2.

Berechnung des prozentualen Anteils von Europa:

I. Möglichkeit (mit dem Dreisatz)

148,9 Mio km^2 ≙ 100 %

$$1 \text{ Mio km}^2 \triangleq \frac{100}{148,9}\%$$
$$10,5 \text{ Mio km}^2 \triangleq \frac{100 \cdot 10,5}{148,9}\%$$
$$= 7,05\% \approx 7\%$$

II. Möglichkeit (mit der Formel)

$$p = \frac{PW \cdot 100}{GW}$$

GW = Grundwert
PW = Prozentwert
p = Prozentsatz

$$p = \frac{10,5 \text{ Mio} \cdot 100}{148,9 \text{ Mio}}$$

p = 7,05
p ≈ 7 %

III. Möglichkeit (mit einer Verhältnisrechnung)

$$\frac{10,5}{148,9} = 0,0705 \approx 0,07 \approx 7\%$$

Die Landfläche Europas beträgt 7 % der gesamten Landfläche der Erde.

Aufgabe 5

a) **Konstruktionsbeschreibung**

1) Zeichnen von c = 6 cm
   ⇒ A; B
2) Bei B den Winkel β = 70°
   antragen
   ⇒ Halbgerade [BC
3) Kreis um B mit Radius
   r = a = 5 cm
4) Kreis ∩ [BC ⇒ C

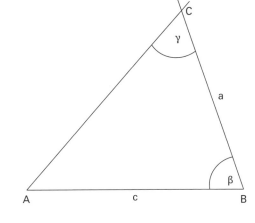

b) **γ** = 62°

Aufgabe 6

In jedem Dreieck beträgt die Summe der Innenwinkel genau 180°.
Bei dieser Aufgabe beträgt die Summe 65° + 45° + 35° = 145°.

Das Dreieck ist nicht möglich, Timo hat also Recht.

Aufgabe 7

$$x^2 + (8\text{ cm})^2 = (14\text{ cm})^2$$
$$x^2 = 196\text{ cm}^2 - 64\text{ cm}^2$$
$$x^2 = 132\text{ cm}^2 \qquad |\sqrt{}$$
$$x = 11{,}49\text{ cm}$$
$$x \approx 11{,}5\text{ cm}$$

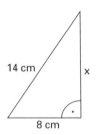

Aufgabe 8

a) O = 2 · (6 cm · 6 cm + 6 cm · 12 cm + 6 cm · 12 cm)
    O = 2 · (36 cm² + 72 cm² + 72 cm²)
    O = 360 cm²

b) V = 6 cm · 6 cm · 12 cm
    V = 432 cm³

c) Die Grundfläche wird 4-mal so groß, die Höhe bleibt erhalten ⇒ Das Volumen
    vervierfacht sich.

    Richtig ist C.

Aufgabe 9

Die Höhe des Weintanks beträgt etwa 1,50 m, der Durchmesser
des Weintanks beträgt etwa 0,8 m.
Radius des Tanks: 0,4 m
Der Tank hat die Form eines Zylinders.
$$V = r^2\,\pi \cdot h$$
$$V = (0{,}4\text{ m})^2 \cdot \pi \cdot 1{,}50\text{ m}$$
$$V = 0{,}75\text{ m}^3$$

Aufgabe 10

a)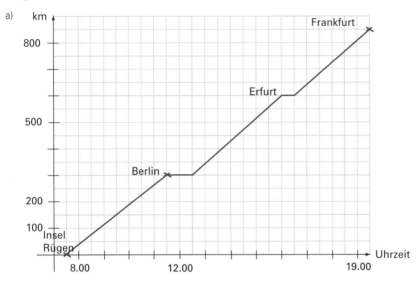

b) Erfurt ist 250 km von Frankfurt entfernt.

c) 300 km in 4 Stunden.
   300 : 4 = 75
   Richtig ist Antwort D: 75 $\frac{km}{h}$

Aufgabe 11

a) Der Umfang beträgt etwa 14 cm.

b) Betrachtet man die graue Fläche als Quadrat mit einem Umfang von
   14 cm, dann ist eine Seite 3,5 cm lang. Der Flächeninhalt würde dann
   3,5 cm · 3,5 cm = 12,25 cm^2 betragen.

   Der Flächeninhalt beträgt etwa 12 cm^2.

c) Hier gibt es mehrere Möglichkeiten.

Länge a	6 cm	4 cm	8 cm
Breite b	2 cm	3 cm	1,5 cm
Flächeninhalt A	12 cm^2	12 cm^2	12 cm^2

Die Maße der Seiten
a und b können auch
vertauscht werden!

d) $A_{Kreis} = r^2 \pi$　　　　$A_{Rechteck} = 12 \text{ cm}^2$

　　$\Rightarrow r^2 \pi = 12 \text{ cm}^2$　　$| : \pi$
　　　　$r^2 = 3{,}8 \text{ cm}^2$　　$| \sqrt{}$
　　　　$r = 1{,}9 \text{ cm}$

Der Radius des Kreises beträgt etwa 2 cm.

Aufgabe 12

a) Insgesamt $1 + 3 + 14 + 3 + 4 = 25$ Schülerinnen und Schüler, davon
haben 14 Schülerinnen und Schüler Normalgewicht.
Zur Berechnung des Prozentsatzes gibt es mehrere Möglichkeiten.

I. Möglichkeit (Dreisatz)

　25 Schüler $\triangleq$ 100%

　　1 Schüler $\triangleq \dfrac{100}{25}$%

　14 Schüler $\triangleq \dfrac{100 \cdot 14}{25}$%

　　　　　$= 56\%$

II. Möglichkeit (die Anzahl der Schülerinnen und Schüler mit Normalgewicht
mit der Gesamtzahl aller Schüler „ins Verhältnis setzen")

$\dfrac{14}{25} = 0{,}56 = \dfrac{56}{100} = 56\%$

III. Möglichkeit (mit der Formel)

$p = \dfrac{PW \cdot 100}{GW}$　　　GW = Grundwert
　　　　　　　　　PW = Prozentwert
　　　　　　　　　　p = Prozentsatz

$p = \dfrac{14 \cdot 100}{25}$

$p = 56$

$\Rightarrow$ 56% der Schülerinnen und Schüler haben Normalgewicht.

b) Zuerst muss der Prozentsatz der Schülerinnen und Schüler der Klasse H9
mit starkem Übergewicht berechnet werden.
25 Schüler $\triangleq$ 100%

　4 Schüler $\triangleq \dfrac{100 \cdot 4}{25}$% $= 16\%$

16% sind mehr als das Doppelte von 6%. Peter hat Recht.

Aufgabe 13

a)

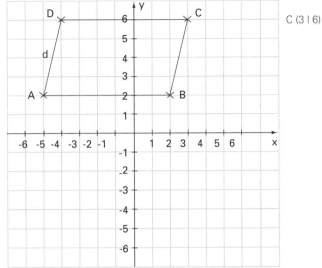

C (3 | 6)

Maßstab: 1 Kästchen entspricht 1 cm

b) $\overline{AB}$ = 7 cm h = 4 cm
A = 7 cm · 4 cm
A = 28 cm^2

Der Flächeninhalt des Parallelogramms beträgt 28 cm^2.

c) Monika benutzt den Satz des Pythagoras.

d) d^2 = (1 cm)^2 + (4 cm)^2
d^2 = 17 cm^2 | $\sqrt{}$
d = 4,12 cm

u = 2 · 7 cm + 2 · 4,12 cm
u = 22,24 cm

Der Umfang des Parallelogramms beträgt 22,2 cm.

Aufgabe 14

a) 1% von 2500 € sind 25 €.
    2,5% von 2500 € sind 2,5 · 25 € = 62,50 €
    2500 € + 62,50 € = 2562,50 €

Monika verdient im nächsten Monat 2562,50 €.

b) 2,5% ≙ 60 €

$$1\% ≙ \frac{60\ €}{2,5}$$

$$100\% ≙ \frac{60\ € · 100}{2,5} = 2400\ €$$

Uwe hat bisher 2400 € verdient.

c) 2,5% ≙ 60 €   (Siehe auch Aufgabe 14b)

$$1\% ≙ \frac{60\ €}{2,5}$$

$$100\% ≙ \frac{60\ € · 100}{2,5} = 2400\ €$$

Wenn Jochen 2400 € verdienen würde, dann wäre eine Erhöhung um 60 € bzw. 2,5% der gleiche Betrag.
Jochen muss also mehr als 2400 € verdienen, damit 2,5% Erhöhung vorteilhafter sind.

Teil 1

Aufgabe 1

18.35 Uhr + 60 min = 19.35 Uhr
19.35 Uhr + 36 min = 20.11 Uhr

Der Film ist um $\boxed{20.11}$ Uhr zu Ende.

Aufgabe 2

Überschlag: 5 Mio : 2 = 2,5 Mio

Richtig ist ☒ 2,5 Mio.

Aufgabe 3

a) $0{,}24 \cdot 100 = \boxed{24}$

Bei der Multiplikation mit 100 wird das Komma um zwei Stellen
nach rechts verschoben.

b) $3{,}24 : 4 = \boxed{0{,}81}$

NR: 3,24 : 4 = 0,81
  0
  3 2
  3 2
  0 4
    4
    0

c) $2 + 3 \cdot 4 = \boxed{14}$

Wichtige Regel: Punktrechnung geht vor Strichrechnung.

Aufgabe 4

$5^3 = \boxed{125}$ $5^3 = 5 \cdot 5 \cdot 5$

Aufgabe 5

Oliver hat Recht, denn 30 liegt zwischen den beiden Quadratzahlen 25 (Quadrat von 5)
und 36 (Quadrat von 6). $\sqrt{30}$ muss also zwischen 5 und 6 liegen.

Aufgabe 6

Richtig sind vier Darstellungen.

☒ $\frac{2}{8}$ ☒ 0,25   ☒ ▦   ☒ 25 %

Aufgabe 7

$\frac{3}{4}$ von 120 $\Rightarrow$ $\frac{3}{4} \cdot 120 = 90$

10% von 90 = 9

Richtig ist ⊠ 9

Aufgabe 8

Richtig ist:

⊠ 12 · x + 15 · y + 9 = 22

Anzahl der Apfelsaftflaschen · Preis + Anzahl der Wasserflaschen · Preis + Pfand = Endpreis

Aufgabe 9

Die Größe des Winkels α beträgt | 60° |.

Begründung: Es ist ein gestreckter Winkel (180°) dargestellt. Davon sind bekannt:
90° + 30° = 120°
Der fehlende Winkel α = 180° – 120° = 60°.

Aufgabe 10

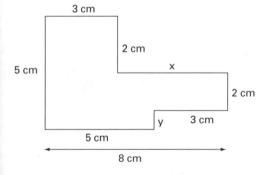

Berechnung von x: 3 cm + x = 8 cm
                                              x = 5 cm

Berechnung von y: 2 cm + 2 cm + y = 5 cm
                                              y = 1 cm

Berechnung des Umfangs:
u = 3 cm + 2 cm + 5 cm + 2 cm + 3 cm + 1 cm + 5 cm + 5 cm
u = 26 cm

Der Umfang lässt sich aber auch leichter berechnen:

Die Strecken a, b, x, y können so „versetzt" werden, dass ein Rechteck mit den Seitenlängen 8 cm und 5 cm entsteht.

$u = 2 \cdot (8 \text{ cm} + 5 \text{ cm})$

$u = 26 \text{ cm}$

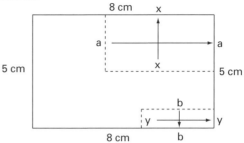

Aufgabe 11

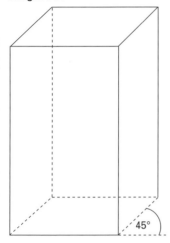

Aufgabe 12

Richtig ist ☒ D.

Teil 2

Aufgabe 1

Erstes Zahlenpaar: 5,50 € : 2 = 2,75 €
Zweites Zahlenpaar: 13,75 € : 5 = 2,75 €
Drittes Zahlenpaar: 18,25 € : 7 = 2,608 €   (f)

Der Preis 18,25 € ist falsch.
Er muss lauten: 2,75 € · 7 = 19,25 €

Aufgabe 2

a) Tiefste Durchschnittstemperatur:
   Januar (-10,3 °C)

b) 4,3 + 0,9 = 5,2

   Die Temperatur ist um 5,2 °C gestiegen.

c) Mittelwert $= \dfrac{\text{Summe der Werte}}{\text{Anzahl der Werte}}$

   Mittelwert $= \dfrac{10,2\ °C + 8,3\ °C + 7,9\ °C}{3}$

   $= \dfrac{26,4\ °C}{3} = 8,8\ °C$

   Der Mittelwert beträgt 8,8 °C.

Aufgabe 3

a) 1500 g : 20 g = 75

   75 Igelbabys wiegen so viel wie ein ausgewachsener Igel.

b) Lösung mit dem Dreisatz:
   100 % ≙ 1500 g
     1 % ≙ 1500 g : 100 = 15 g
   40 % = 40 · 15 g = 600 g

   Ein Igel verliert während des Winterschlafs 600 g Gewicht.

c) Herzschlag im Normalfall: 300 Mal/min
   Herzschlag im Winterschlaf: 300 : 15 = 20 Mal/min

   Während des Winterschlafs schlägt das Herz eines Igels 20 Mal in der Minute.

Aufgabe 4

a) 100% ≙ 3 500 000 Pkws
    1% ≙ 35 000 Pkws
    42% ≙ 35 000 · 42 Pkws = 1 470 000 Pkws
    = 1,47 Mio Pkws

Michael hat Recht.

b) 5 von 1000 = $\dfrac{5}{1000}$ = 5‰

Es sind nicht 5‰, sondern 5% rot lackiert. Ute hat nicht Recht.

Aufgabe 5

Linkes Glücksrad
Ein Feld von 5 Feldern
gewinnt ⇒

Wahrscheinlichkeit: $\dfrac{1}{5}$

$\dfrac{1}{5} = \dfrac{20}{100}$ ⇒ 20%

Rechtes Glücksrad
Zwei Felder von 12 Feldern
gewinnen ⇒

Wahrscheinlichkeit: $\dfrac{2}{12}$

$\dfrac{2}{12} = \dfrac{1}{6}$ ⇒ 16,7%

Beim linken Glücksrad sind die Gewinnchancen größer.

Aufgabe 6

$5 + 15x - 32 = 12 + 2x$
$-27 + 15x = 12 + 2x$ | − 2x
$-27 + 13x = 12$ | + 27
$13x = 39$ | : 13
$x = 3$

Aufgabe 7

Berechnung mit dem Satz des Pythagoras.
$x^2 = (8{,}8 \text{ km})^2 + (6{,}6 \text{ km})^2$
$x^2 = 121 \text{ km}^2$ | $\sqrt{\ }$
$x = 11 \text{ km}$

Weg auf der Straße: 8,8 km + 6,6 km = 15,4 km
15,4 km − 11 km = 4,4 km

Der Wanderer spart 4,4 km ein.

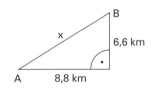

Aufgabe 8

a) Das Maß des Winkels β beträgt auch 30°.

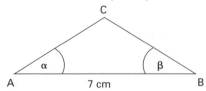

b) Die Winkelsumme in jedem Dreieck beträgt 180°.
Die beiden Basiswinkel α und β haben das gleiche Maß ⇒
α + β + γ = 180°
γ = 180° − (α + β)

Aufgabe 9

a) Volumen des Zylinders:
$V_Z = r^2 \, \pi \cdot h$

r = 13 cm   h = 34 cm

$V_Z = (13 \text{ cm})^2 \cdot \pi \cdot 34 \text{ cm}$
$V_Z = 18\,051,6 \text{ cm}^3$

Rechnet man mit π = 3,14:
$V_Z = 18\,042,4 \text{ cm}^3$

b) Volumen des Kegels:
$V_{Ke} = \frac{1}{3} r^2 \, \pi \cdot h$

$V_{Ke} = \frac{1}{3} \cdot (13 \text{ cm})^2 \cdot \pi \cdot 34 \text{ cm}$

$V_{Ke} = 6017,2 \text{ cm}^3$

Aus den beiden Formeln erkennt man, dass das Kegelvolumen der dritte Teil des Zylindervolumens ist. Man kann also auch das Zylindervolumen durch 3 dividieren, um das Kegelvolumen zu erhalten.

Aufgabe 10

Die Frau ist etwa 1,75 m groß.
⇒ Höhe des Schwimmbeckens: 1,75 m
Breite des Schwimmbeckens: 3 m
Länge des Schwimmbeckens: 2,5 · 3 m = 7,5 m

Gestrichen werden die Grundfläche und die Seitenflächen eines „Quaders".
Grundfläche: $A_G = 3 \text{ m} \cdot 7,5 \text{ m} = 22,5 \text{ m}^2$

Seitenfläche 1: $A_1 = 7,5$ m $\cdot$ 1,75 m = 13,125 m²
Seitenfläche 2: $A_2 = 3$ m $\cdot$ 1,75 m = 5,25 m²

Gestrichene Fläche:
$A = A_G + 2 \cdot A_1 + 2 \cdot A_2$
$A = 22,5$ m² + 2 $\cdot$ 13,125 m² + 2 $\cdot$ 5,25 m²
$A = 59,25$ m²

Es müssen 59,25 m² gestrichen werden.

Aufgabe 11

a) Berechnung des Prozentwertes der Note 6:
Absolute Häufigkeit 2 bedeutet 10% (siehe Noten 1 und 5).

⇒ absolute Häufigkeit 1 bedeutet dann: 5%

Berechnung des Prozentwertes der Note 3.
Absolute Häufigkeit 1 bedeutet 5%.

⇒ absolute Häufigkeit 5 bedeutet dann: 5 $\cdot$ 5% = 25%

Noten	...	3	...	6
absolute Häufigkeit		5		1
relative Häufigkeit		25%		5%

⇒ Summe aller Prozentwerte ergibt 100%

b) Notendurchschnitt = $\dfrac{\text{Summe der Noten}}{\text{Anzahl der Noten}}$

Durchschnitt $= \dfrac{2 \cdot 1 + 4 \cdot 2 + 5 \cdot 3 + 6 \cdot 4 + 2 \cdot 5 + 1 \cdot 6}{20}$

$= \dfrac{2 + 8 + 15 + 24 + 10 + 6}{20}$

$= \dfrac{65}{20} = 3,25$

Der Notendurchschnitt beträgt 3,25.

c) 25% haben die Note 3 geschrieben, das ist der 4. Teil aller Schülerinnen und Schüler. Im Kreisdiagramm muss deshalb die Note 3 mit 360° : 4 = 90° dargestellt werden. 20% haben die Note 2 geschrieben, das ist der 5. Teil. Im Kreisdiagramm muss deshalb die Note 2 mit 360° : 5 = 72° dargestellt werden.

d) Kevin hat nicht Recht.
Jede fünfte Arbeit bedeutet: 20% aller Arbeiten. In der ersten Schulaufgabe hatten 20% die Note 1 oder 2, in der zweiten Schulaufgabe waren es aber 30%.

Aufgabe 12

a) I. Richtig sind A und C.

II. Im Diagramm C wurde eine Pause eingelegt (zu erkennen am waagerechten Strich zwischen den Stunden 1 und 2).

b) Erklärung zu a), b), c)
a) In einer halben Stunde fährt er 10 km.
b) Für die weiteren 10 km braucht er eine Stunde.
c) Es fehlen noch 15 min Fahrzeit, in der er 5 km fährt.

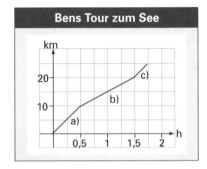

Bens Tour zum See

Aufgabe 13

a) C (3 | 5)
D (-1 | 5)

b) A´ (-1 | -1)
B´ (3 | -1)
C´ (3 | -5)
D´ (-1 | -5)

c) A = 4 cm · 4 cm
A = 16 cm²

Mögliche Seitenlängen:
8 cm, 2 cm ⇒ 8 · 2 = 16
5 cm, 3,2 cm ⇒ 5 · 3,2 = 16
10 cm, 1,6 cm ⇒ 10 · 1,6 = 16

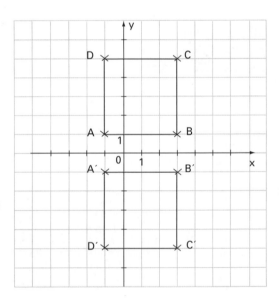

Aufgabe 14

a) 1 Kästchen ≙ 1 km²
   Es sind insgesamt 24 „ganze" Kästchen ⇒ 24 km²
   Der Rest der Fläche setzt sich aus etwa 6 Kästchen zusammen ⇒ 6 km².

   ⇒ Die Wasserfläche ist etwa 30 km² groß.

b) Formel:
   $V = G \cdot h$ **Beachte:**

   $V = 30 \text{ km}^2 \cdot 1{,}40 \text{ m}$ 1 km = 1000 m
   $V = 30\,000\,000 \text{ m}^2 \cdot 1{,}40 \text{ m}$ 1 km² = 1 000 000 m²
   $V = 42\,000\,000 \text{ m}^3$ 1 km³ = 1 000 000 000 m³
   $V = 0{,}042 \text{ km}^3$

   oder

   $V = 30 \text{ km}^2 \cdot 0{,}0014 \text{ km}$
   $V = 0{,}042 \text{ km}^3$
   $V = 42\,000\,000 \text{ m}^3$

   Das Volumen beträgt 42 Mio m³.

c) Berechnung mit dem Dreisatz:

   8 km ≙ 30 min

   1 km ≙ $\frac{30}{8}$ min

   36 km ≙ $\frac{30 \cdot 36}{8}$ min = 135 min

   Er braucht 135 min = 2 h 15 min
   15.00 Uhr + 2 h 15 min = 17.15 Uhr

   Er kommt um 17.15 Uhr an der „Alten Moorhütte" an.

Pflichtaufgaben – Teil 1

Aufgabe 1

1,2 , weil der Abstand zwischen zwei Markierungen 0,3 beträgt.

Aufgabe 2 $< \frac{1}{2}m$

70 mm < 35 cm < 1,5 m < 0,7 km

Aufgabe 3

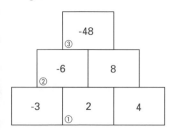

①   2 · 4 = 8

②   -3 · 2 = -6

③   -6 · 8 = -48

Aufgabe 4

a)   2 + 4 · 30   „Punkt vor Strich"!
    = 2 + 120

    =   122

b)   37,2 : 4 = 9,3

NR: 37,2 : 4 = 9,3

$$\begin{array}{r} 36 \\ \hline 12 \\ 12 \\ \hline 0 \end{array}$$

Aufgabe 5

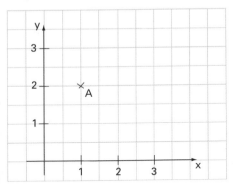

Aufgabe 6

Flächeninhalt eines Dreiecks: $A = \dfrac{g \cdot h}{2}$

g = 6 cm – 4,5 cm = 1,5 cm
h = 3 cm

$\Rightarrow\ A = \dfrac{1,5\ cm \cdot 3\ cm}{2}$

A = 2,25 cm²

Aufgabe 7

a)

$\dfrac{2}{5}$ von 30 „Kästchen" sind

12 „Kästchen".

b) $\dfrac{2}{3} \triangleq 16$ Kästchen

$\dfrac{1}{3} \triangleq \dfrac{16}{2}$ Kästchen

$\dfrac{3}{3} \triangleq \dfrac{16 \cdot 3}{2}$ Kästchen = 24 Kästchen

Es müssen 24 – 16 = 8 Kästchen ergänzt werden.
Zum Beispiel:

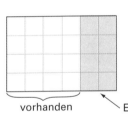

vorhanden   Ergänzung

Aufgabe 8

a)

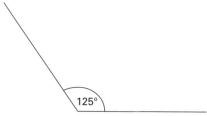

125°

b) $\beta + 30° = 70°$ (Scheitelwinkel)
$\quad\quad\beta = 40°$

Aufgabe 9

312,50 € ≈ 300 €   500 € : 25 = 20 €
195 €   ≈ 200 €
———————————
     500 €

Aufgabe 10

Richtig ist:

Pflichtaufgaben – Teil 2

Aufgabe 11

a) $60 = 12 \cdot 5$
   $\Rightarrow 250 \text{ g} \cdot 5 = 1250 \text{ g}$

b) Erwartete Einnahmen für 60 Waffeln: $60 \cdot 0,50 € = 30 €$
   Zutaten für 60 Waffeln: $\underline{21 €}$
                                                              $51 €$

   $51 € : 60 = 0,85 €$

   Eine Waffel muss 85 Cent kosten.

Aufgabe 12

a) 12% von 75 kg = 9 kg

   Dreisatz: Taschenrechner:

   100% ≙ 75 kg $\frac{12}{100} \cdot 75$ kg = 9 kg

   1% ≙ $\frac{75}{100}$ kg

   12% ≙ $\frac{75 \cdot 12}{100}$ kg

   = 9 kg

b) Steigbügel: 4 mm
   Oberschenkelknochen: 46 cm
   46 cm : 4 mm = 460 mm : 4 mm = 115

c) $\frac{2}{5}$ von 65 kg ⇒ $\frac{2}{5} \cdot 65$ kg = 26 kg

Aufgabe 13

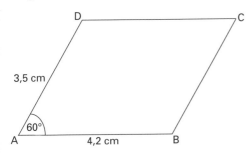

Aufgabe 14

a) 48,1% von 25 000 ⇒ $\frac{48,1}{100} \cdot 25\ 000 = 12\ 025$

b) Jeder Zweite bedeutet: 50%
   54,4% > 50%

   Marc hat Recht.

c) $\frac{11}{25} = 0,44 = \frac{44}{100} = 44\%$
   Angabe im Diagramm: 28,3%

   Der Prozentsatz in Annas Umfrage ist deutlich höher als im Diagramm.

Aufgabe 15

Die Länge wird mit dem Satz des Pythagoras berechnet.
$l^2 = (1{,}55 \text{ m})^2 + (1{,}45 \text{ m})^2$
$l \approx 2{,}12 \text{ m}$

Die Leiter ist 2,12 m lang.

Aufgabe 16

Glücksspiel 1	**Glücksspiel 2**
Gerade Augenzahl:	Durch 3 teilbar:
2, 4, 6	3, 6, 9
$\Rightarrow$ 3 Möglichkeiten von 6	$\Rightarrow$ 3 Möglichkeiten von 10
$\Rightarrow \dfrac{3}{6} = \dfrac{1}{2} = 50\%$	$\Rightarrow \dfrac{3}{10} = 0{,}3 = 30\%$

Die Wahrscheinlichkeit eines Gewinns ist beim Glücksspiel 1 größer.

Aufgabe 17

$$14 + 12x - 9 = 3x + 32$$
$$5 + 12x = 3x + 32 \qquad | - 3x$$
$$5 + 9x = 32 \qquad | - 5$$
$$9x = 27 \qquad | : 9$$
$$x = 3$$

Aufgabe 18

Richtig ist C.

Aufgabe 19

Der Stein entspricht einem Zylindervolumen von
$V = (3 \text{ cm})^2 \cdot \pi \cdot 1{,}5 \text{ cm}$
$V \approx 42 \text{ cm}^3$

Aufgabe 20

Foto	**Wirklichkeit**
Mann: 1,7 cm	Mann: 1,80 cm
Stapelhöhe: 7 cm	Stapelhöhe: 7,20 cm
Kegelradius: 2,8 cm	Kegelradius: 2,90 m

$V = \dfrac{1}{3} r^2 \pi \cdot h$

$V = \dfrac{1}{3} \cdot (2{,}90 \text{ m})^2 \pi \cdot 7{,}20 \text{ m}$

$V \approx 63 \text{ m}^3$

Wahlaufgaben

Aufgabe 1

a) + b)

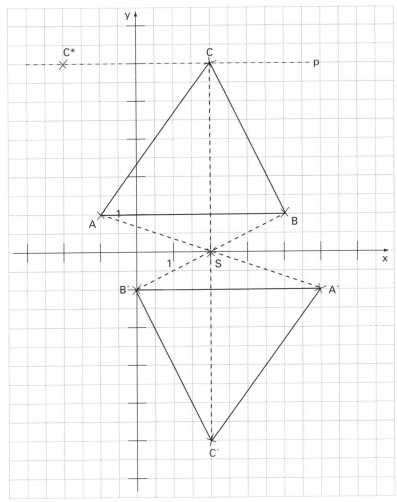

c) $\overline{AB}$ = 5 cm
   h = 4 cm

$A = \dfrac{5\ cm \cdot 4\ cm}{2}$

$A = 10\ cm^2$

d) 1. p ist eine Parallele zur Grundlinie [AB].
      C* liegt auf dieser Parallelen p.

   2. Der Flächeninhalt ändert sich nicht, weil das Dreieck ABC*
      die gleiche Höhenlänge hat wie das Dreieck ABC.

Aufgabe 2

a)   100 % $\triangleq$ 49 Mio

   1 % $\triangleq \dfrac{49 \text{ Mio}}{100}$

   101,1 % $\triangleq \dfrac{49 \text{ Mio} \cdot 101,1}{100} = 49\,539\,000$

   2009 hatte Südafrika 49,539 Millionen Einwohner.

b) In der Fläche Südafrikas sind etwa 120 kleine Kästchen.
    $120 \cdot 10\,000 \text{ km}^2 = 1\,200\,000 \text{ km}^2$
    $\phantom{120 \cdot 10\,000 \text{ km}^2} = 1,2 \text{ Mio km}^2$

c) Bevölkerungsdichte von Johannesburg:
    $3\,200\,000 : 1644 \approx 1946$ Einwohner/km^2

   Bevölkerungsdichte von Berlin:
   $3\,400\,000 : 892 \approx 3812$ Einwohner/km^2

   $1946 \cdot 2 = 3892$
   $3892 \approx 3812$

   Alex hat Recht.

Aufgabe 3

a) 4 von 8 Feldern sind schwarz.

   P (schwarz) $= \dfrac{4}{8} = \dfrac{1}{2}$ (= 50 %)

b) 1.

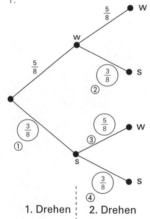

1. Drehen ┊ 2. Drehen

① $= \dfrac{3}{8}$, weil $\dfrac{5}{8} + \dfrac{3}{8} = 1$

② $= \dfrac{3}{8}$, weil $\dfrac{5}{8} + \dfrac{3}{8} = 1$

③ $= \dfrac{5}{8}$, weil 5 von 8 Feldern weiß sind

④ $= \dfrac{3}{8}$, weil $\dfrac{3}{8} + \dfrac{5}{8} = 1$

2. $P(w, s) = \frac{5}{8} \cdot \frac{3}{8} = \frac{15}{64}$

3. $P(w, w) = \frac{5}{8} \cdot \frac{5}{8} = \frac{25}{64}$

$P(s, s) = \frac{3}{8} \cdot \frac{3}{8} = \frac{9}{64}$

$\Rightarrow P\text{ (gleiche Farben)} = \frac{25}{64} + \frac{9}{64} = \frac{34}{64} = \frac{17}{32} = 0{,}53125 = 53{,}125\%$

Aufgabe 4

a) 1. $\dfrac{40\text{ m} + 15\text{ m} + 35\text{ m}}{3} = 30$ m (Durchschnittswert)

2.

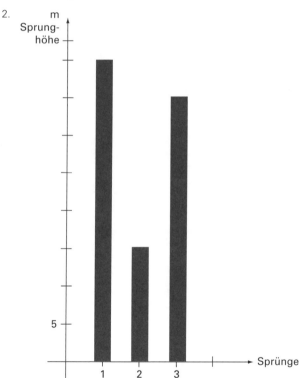

b) Weitenpunkte: $30 + 6 \cdot 1{,}5$ $= 39$ Punkte
   Haltungspunkte: $19 + 19{,}5 + 18{,}5 = 57$ Punkte

   Gesamtpunktzahl: 96 Punkte

c) **I. Möglichkeit** (Dreisatz)

100% ≙ 1,50 m

$1\% \; ≙ \; \dfrac{1,50 \text{ m}}{100}$

$146\% \; ≙ \; \dfrac{1,50 \text{ m} \cdot 146}{100} = 2,19 \text{ m}$

II. Möglichkeit

$\dfrac{146}{100} \cdot 1,50 \text{ m} = 2,19 \text{ m}$

Die Sprungski sind 2,19 m lang.

Ergebnisse auf einen Blick

Hier findest du schnell die richtigen Lösungen für die von dir bearbeiteten Aufgaben. Es sind nur die Endergebnisse ohne Lösungswege angegeben. Die ausführlichen Lösungswege sind auf den vorangegangenen Seiten dargestellt.

Lösungen 2006

Teil 1
1. 5 h 49 min
2. Angaben 3 und 4 richtig
3. 300 m
4. 10,3
5. >; >; <; =
6. siehe ausf. Lösungen
7. 261,45 €
8. a) 25%
   b) siehe ausf. Lösungen
9. 75°
10. a) D   b) C

Teil 2
1. 81 €
2. a) D   b) siehe ausf. Lösungen
3. a) x = 20   b) x = 1

4. 60 m
5. 44 cm³
6. B
7. a) 8.10 Uhr   b) B ist Markus
   c) 10 km/h
8. 20%
9. 2425 Liter
10. a) A (1 | 3) B (4 | 2) C (4 | 5)
    b) 4,5 cm²
    c) siehe ausf. Lösungen
11. a) $\frac{1}{4}$ Liter   b) Durchmesser
    und Höhe   c) 0,28 Liter
12. a) 2,8 m²   b) 84 cm   c) 0,55 m²
    d) 2,25 m²   e) 20%
13. a) 80°   b) γ = 100°; δ = 100°
    c) siehe ausf. Lösungen
    d) 16 cm²

Lösungen 2007

Teil 1
1. 15-mal
2. a) 3 Stunden und 26 Minuten
   b) 27 Minuten
3. 2x + 8 = 40
4. 9,675
5. a) 15   b) -108   c) 50 €
   d) 6 Mrd.   e) 10 000   f) 5
6. a) 20%   b) $\frac{4}{5}$
7. 4 cm
8. 110 cm², 115 cm, 23 mm, 25 mm²
9. 440 cm
10. D

Teil 2
1. Die Person B hat falsch gerechnet.
2. 30,4 m³

3. a) siehe ausf. Lösungen
   b) 60 Schülerinnen und Schüler
4. 13 266 Schülerinnen und Schüler
5. 113 cm³
6. x = 2
7. 2,40 m
8. A ⇒ 2, B ⇒ 3, C ⇒ 1
9. a) 12 cm²   b) 2 cm
   c) 12 cm   d) Max hat nicht Recht.
10. a) siehe ausf. Lösungen   b) $\frac{1}{16}$
    c) siehe ausf. Lösungen
    d) John hat Recht.
11. a) b) siehe ausf. Lösungen   c) 28 cm²
12. a) 175 Jahre   b) 15 750 000 €
    c) 78 750 €

Lösungen 2008

Teil 1
1. -2,5
2. 11.32 Uhr
3. 200 m
4. a) 0,185 b) 4,375
5. a) 25% b) $\frac{3}{4}$
6. a) 36 Mio b) 0,5
7. a) x = 49 b) x = 2 c) x = 1
8. x = 8
9. y = 4
10. 23 Schülerinnen und Schüler; 22,00 € Eintritt
11. siehe ausf. Lösungen

Teil 2
1. a) 12 cm b) 4 Stücke
2. 262,25 €
3. 3960 ft
4. 7%
5. a) siehe ausf. Lösungen b) 62°
6. Timo hat Recht.
7. 11,5 cm
8. a) 360 cm² b) 432 cm³ c) C
9. 0,75 m³
10. a) siehe ausf. Lösungen
    b) 250 km c) D
11. a) ca. 14 cm b) ca. 12 cm²
    c) siehe ausf. Lösungen d) ca. 2 cm
12. a) 56% b) Peter hat Recht.
13. a) C (3 | 6) b) 28 cm²
    c) siehe ausf. Lösungen d) 22,2 cm
14. a) 2562,50 € b) 2400 €
    c) mehr als 2400 €

Lösungen 2009

Teil 1
1. 20.11 Uhr
2. Richtig ist 2,5 Mio
3. a) 24
   b) 0,81
   c) 14
4. 125
5. Oliver hat Recht, das Ergebnis muss zwischen 5 und 6 liegen.
6. siehe ausf. Lösungen
7. Richtig ist 9
8. siehe ausf. Lösungen
9. α = 60°
10. Umfang u = 26 cm
11. siehe ausf. Lösungen
12. Richtig ist D

Teil 2
1. Das Zahlenpaar (7 | 18,25) ist falsch. Es muss heißen (7 | 19,25)

2. a) Januar -10,3 °C
   b) 5,2 °C
   c) 8,8 °C
3. a) 75 Igelbabys b) 600 g
   c) 20 Mal/Minute
4. a) Michael hat Recht.
   b) Ute hat nicht Recht.
      5 von 1000 sind 5‰
5. Linkes Glücksrad
6. x = 3
7. 4,4 km
8. a) siehe ausf. Lösungen
   b) 180° − (α + β)
9. a) 18 051,6 cm³
   b) 6017,2 cm³
10. 59,52 m²
11. a) Note 6: 5%, Note 3: 25%
    b) 3,25 c) Note 2: 72°, Note 3: 90°
    d) Kevin hat nicht Recht.
12. a) Richtig sind A und C
    b) siehe ausf. Lösungen

13. a) C (3 | 5), D (-1 | 5)
b) A´ (-1 | -1), B´ (3 | -1), C´ (3 | -5),
D´ (-1 | -5)
c) 16 cm²
Mögliche Seitenlängen:
siehe ausf. Lösungen

14. a) etwa 30 km²   b) 42 Mio m³
c) 17.15 Uhr

Lösungen 2010

Pflichtaufgaben – Teil 1
1. 1,2
2. 70 mm < 35 cm < 1,5 m < 0,7 km
3. siehe ausf. Lösungen
4. a) 122   b) 9,3
5. siehe ausf. Lösungen
6. 2,25 cm²
7. siehe ausf. Lösungen
8. a) siehe ausf. Lösungen
b) 40°
9. 20 €
10. siehe ausf. Lösungen

Pflichtaufgaben – Teil 2
11. a) 1250 g   b) 85 ct
12. a) 9 kg   b) 115 mm
c) 26 kg
13. siehe ausf. Lösungen
14. a) 12 025
b) siehe ausf. Lösungen
c) siehe ausf. Lösungen

15. 2,12 m
16. siehe ausf. Lösungen
17. x = 3
18. C
19. 42 cm³
20. 63 m³

Wahlaufgaben
1. a) siehe ausf. Lösungen
b) siehe ausf. Lösungen
c) 10 cm²
d) siehe ausf. Lösungen
2. a) 49 539 000   b) 1,2 Mio km²
c) Alex hat Recht.
3. a) 50%   b) 1. siehe ausführliche
Lösungen   2. $\frac{15}{64}$ 3. 53,125%
4. a) 1. 30 m
2. siehe ausf. Lösungen
b) 96   c) 2,19 m

A. Listening Comprehension

1. Announcement

a) wrong   b) right   c) wrong   d) wrong   e) right

2. Dialogues 1 – 5

1. A   **2.** A   **3.** C   **4.** B   **5.** B

3. Conversation

a) birthday present.   b) CD.   c) hip hop.   d) various artists.

e) more than £15.   f) two CDs.

B. Reading Comprehension

Text 1

Tick the right statement.

1. b   **2.** c   **3.** a   **4.** b

Text 2

1. Tick the correct statement.

... a park near Lake Garda.

2. Fill in the fact sheets.

The Park	
Founded in ...	1617.
Napoleon used it ...	as headquarters.
In the 20th century visited by ...	Nobel prize winners.

Natural attractions	
flowering periods of:	tulips, irises, roses, lilies and asters
tropical fishes in:	eighteen ponds
box bushes number more than:	40.000

Rules	
Playing with balls ...	is not allowed.
You must apply for ...	commercial photos previously.
Dogs must be ...	kept on a leash.

Text 3

1. Tick right or wrong.

a) wrong   b) wrong   c) right   d) right   e) wrong   f) right

2. Fill in the missing information.

a) 154 steps   b) head   c) weighs   d) gold

Text 4

1. Tick the correct ending.

a) … international guests.   b) … renewal.   c) … outlaws.
d) … freedom.   e) … bread, water and salt.

2. Fill in the right information.

a) proud   b) victory   c) dreams   d) freedom

Text 5

Find the right job.

1. G   **2.** H   **3.** B   **4.** D   **5.** E

C. Mediation

1. a) Sie sind auch als „The Palace of Westminster" bekannt.

b) Die königliche Residenz wurde 1547 verlegt.

c) Auf dem Victoria Tower weht die britische Flagge, wenn das Parlament eine Sitzung abhält.

d) Montag, Dienstag und Donnerstag ab 14.30 Uhr, Mittwoch und Freitag ab 9.30 Uhr.

2. a) Ein dänischer Architekt.

b) Im Juni 2007 wurde die Oper in die Liste des „Weltkulturerbes" aufgenommen.

c) Nein, um das Foyer der Konzerthalle und des Theaters sowie alle Aufführungsräume zu betreten, braucht ihr ein gültiges Ticket.

d) Ja, aber nicht in den Aufführungen.

e) Nein, an sich gibt es keine Kleiderordnung für die Oper. Sollte es doch einmal der Fall sein, bekommt man diese Information, wenn die Tickets gekauft werden.

f) Essen und Getränke dürfen nur außerhalb der Vorführungsräume verzehrt werden.

3. a) Die Schule gibt es seit 1994.

b) Die Schule ist ein Familienunternehmen.

c) Es gibt viele verschiedene Möglichkeiten der Unterbringung. Für mehr Informationen soll man sich direkt mit den Anbietern in Verbindung setzen.

d) Ja, die Unterbringung ist nicht im Kurspreis enthalten.

e) Es gibt zwei Kurse. Der Mini-Camp-Kurs ist für beide Altersgruppen geeignet, mit fünfmal jeweils zwei Stunden, morgens oder nachmittags. Der Full-Day-Camp-Kurs ist für über Zwölfjährige und besteht aus zwei Einheiten pro Tag von Montag bis Freitag.

f) Der Mini-Camp-Kurs kostet £140 pro Person, inklusive Ausrüstung, Surftest und Zertifikat für jeden Teilnehmer.
Der Full-Day-Camp-Kurs kostet £220, beinhaltet das Gleiche wie der Mini-Camp-Kurs, aber man bekommt £5 Rabatt auf Harlyn Sweatshirts und Neoprenanzüge.

4. a) Im Allgemeinen muss man mindestens 21 Jahre alt sein. Dies kann jedoch von Land zu Land verschieden sein, sodass man bei der Reservierung nachfragen sollte.

b) Er braucht seinen Führerschein und einen Ausweis oder Reisepass.

c) Zum Beispiel Familienwagen, Autos mit Vierradantrieb, Sportwagen.

d) Mindestens für drei Tage.

e) Bei einer Mietwagenzentrale, welche meist in der Nähe oder am Flughafen ist. Für einen Aufpreis kann er ihn auch an seinem Hotel abholen.

f) Er muss wissen, wie viel die einfache Strecke kostet.

D. Language

1. Tick the word that fits.

1) imagine	2) making	3) spend	4) part
5) including	6) of	7) during	8) since

2. Tick the correct form.

1) correctly	2) crashed	3) known	4) driving
5) high	6) hasn't lost	7) owner	8) extremely
9) deeply	10) hardly	11) himself	12) faster

3. Tick the correct word.

1) who	2) for	3) attended	4) thinking
5) step	6) So far	7) for	8) yellow

4. Tick the correct form.

1) difference	2) precisely	3) decision	4) discoveries
5) having	6) childish	7) beginning	8) preparations
9) arrived	10) had left	11) was	12) most exciting

5. Tick the correct word.

a) tell   b) who   c) While   d) call

e) certain f) shows g) Even   h) appeared

6. Tick the correct form.

a) Australian   b) am working   c) came   d) volunteer   e) at

f) beautiful   g) best   h) lives   i) ours   j) electricity

E. Text Production

1. Answer an e-mail.

Hello Olivia

Thanks very much for your e-mail. Sure, I know the musical "Mamma Mia" but I haven't seen it yet. I've been to "Starlight Express" and "Cats" and I must say that I enjoyed both very much.
It would be so great to see you this year. The best time would be during my summer-holidays. We could go to Lake Constance for sun-bathing and swimming and there are many other interesting places to discover around here. Since the temperature this year is expected to become quite high, you should bring along lots of T-shirts and skirts and of course bathing clothes. I'm really looking forward to seeing you again.

Take care
Natalie

2. Write a letter of application.

Dear Sirs

I read your advert about the summer job at Kruger National Park. I'm very interested in wild animals and would like to get to know them better. I'm used to hard work and it was always my biggest dream to get a job outdoors and be so close to all those great creatures. I also like to work with people so it won't be a problem for me to talk to a big group. What will be my field of duty and where will I live during my stay?
I hope to hear from you soon.

Yours sincerely
Katharina Schmitt

3. Write an e-mail.

Subject: Your lost purse
Dear Tracy

My name is Daniel and I'm from Germany, I'm spending my holidays here. I want to inform you that I found a purse on the way to my hotel. I opened it and found your name and your e-mail address in it. I hope you understand that I must be sure it's yours. So please, answer some questions. Where might you have lost it? Tell me what it is made of, what colour it has and how much money was in it. If it's really yours we could meet here in my hotel or somewhere downtown.

Yours sincerely
Daniel Brandner

4. Write an article.

School Uniforms

I think that every teenager likes trendy clothes. It's fun to be dressed in bright colours following the latest fashion. But among students tensions may arise, because not everyone can afford these clothes. So a special school wear can solve this problem, and when the school uniform doesn't resemble a prison uniform but is practical and attractive, I would accept it at once.

The majority of my friends feel the same and when the discussion about school uniforms started, the girls in my class made some pictures showing what their ideal uniform should look like.

With our own school wear, rivalry and tensions in the school could be avoided. And outside school we could make a good impression and improve the image of our school. The perfect school uniform for boys and girls should consist of trousers/skirt, jacket, shirt and tie.

5. Write an e-mail.

To: orders@bluesberry.com
From: tarek5000000000@hotmail.com
Subject: Ebay-item 270-345-668-230

Dear Sirs

When I opened the packet containing the CD, item number 270-345-668-230 I bought from you on 18th May, I discovered that the CD is an illegal copy. That was really a shock for me as I don't want to do anything illegal. I will send the CD back to you to solve the problem. Please transfer the money to my bank account in return for it.

Yours
Tarek

6. Write a letter.

Dear Mr McGowen

I've read your advert and would like to know some more details. For example how many beds are there at the hostel and what would be the working hours per day? Would I have to work in the office, the kitchen or do some cleaning? And what can I expect in terms of payment? Another thing that I'd like to know is whether you provide vegetarian food and if the staff is supposed to share bedrooms, if so with how many? I'll turn 16 on 15th July so I could start within this month.
I am looking forward to hearing from you.

Yours
Adrian

A. Listening Comprehension

1. a) ... airport. b) ... parents. c) ... 2 hours. d) ... fog.

2. a) right b) right c) wrong
d) right e) wrong f) right

3. a) different b) Christmas c) important d) horrible

B. Reading Comprehension

Part 1

1. a) Hufeisen b) Aberglaube

2. **A** 3 **B** 4 **C** 2 **D** 1

3. a) ... umbrella b) ... exam c) ... chimney sweep

4. a) They put out their tongues as a sign of respect.
b) It might bring you luck if a black cat crosses your path, if you cross your fingers or if you see a chimney sweep.
c) It's Friday 13th.

Part 2

1. a) It's in Devon/England.
b) He collected 511 worms.
c) They protest about the name "Worm Pie".

2. a) The aim is to encourage as many worms as possible to come out of the earth.
b) The worms are treated with care and respect.

3. a) ... watch (line 1) b) ... event (line 2)
c) ... record holder (line 5) d) ... return(ed) (line 10)

C. Language

1. a) were b) played c) told d) contained e) had f) could

2. You: Excuse me. Can you tell me the way to the festival?
Tom: You can take bus number 13.
You: When does the bus leave?
Tom: It leaves at half past two.

3. in – to – in front of – before

D. Text Production

1. Write an e-mail/letter.

Dear Karen

Last weekend was the best weekend of my life. I went to the Rolling Rocks concert in Leipzig with my class-mate Anna. Dad had bought tickets for us long before and he said that the concert was a reward for my last school report. Anna's parents are good friends of my family. So the tickets were no problem. But 90 1 per ticket are a lot of money. Our parents are so nice. At the entrance we had to wait for a very long time because every visitor was examined. I don't know what they were looking for but it lasted too long. But that was the only thing I didn't like. Travelling to Leipzig was easy because there was an offer for a special train at the travel agency. The four hours on the train didn't last very long because there were many Rolling Rocks fans with us and we had a lot of fun. In my next letter I'll tell you more about the concert.

Love
Caroline

2. Write a report.

Friday 13th

When Susan got out of bed on Friday morning nothing seemed to be different from all the mornings before. But when she turned round in the bathroom and forgot that she had the hair-dryer in her hand she broke the mirror. That was the moment when she thought of the date: Friday 13th. On her way to school bad luck was with her. At first she saw a black cat and when she came to the bus-stop she realized that nobody was there any more. She had missed the bus. She had no choice. She walked all the way to school on foot, only to see that she had missed the maths test. And her excuse was anything but good. On her way home in the afternoon things seemed to change. She found a horseshoe beside the footpath, not the best one, but a horseshoe! Susan forgot about the maths test and her teacher and when she arrived home, good luck had come back to her completely. On the table she found a letter that told her she was the winner in a contest. The price was a ticket for a Robbie Williams concert. What a Friday 13th!!

3. Creative Writing

A lucky day

Dan had to tell his father. On a bicycle trip to Mavern he had taken his father's very expensive digital camera with him to make some snapshots. It was great fun. Every time he made a photo his friends wanted to see it. Sometimes they said the photo wasn't good enough or they were not to recognize or something like that. But he didn't wipe the pictures out and after some time he had lots of photos on the memory card. In Mavern he wanted to make some more photos and discovered that the camera wasn't in his bag anymore. Dan went back alone and kept his eyes wide open but he didn't find the camera. When he arrived back home he saw Mr Harper, a friend of his father who lived not far from Mavern, waiting at the garden gate. "Here comes the photographer," said Mr Harper, "I found that camera in front of my house, but I didn't know how to handle it. But Billy, the postman knew. And then we saw you and your friends on the pictures. So I thought I'd come round here and bring it back." – "That's awfully nice Mr Harper. Thank you very much," Dan said and thought that this was a very lucky day for him, maybe one of the luckiest in his life.

◢ Lösungen: Englisch-Prüfung 2007

A. Listening Comprehension

1. a) Let's Surf.
b) It's cold.
c) Because there are not many beaches there.
d) Like a bird that can fly.
e) He thinks they're really big.
f) It was a trip of a lifetime for him.

2. a) He likes surfing because it's a wild sport.
b) He is there for four weeks.
c) He has been surfing since he was a kid.
d) His father taught him (the basics).

B. Reading Comprehension

Part 1

1. a) He decided to go on a tour through the outback of Australia by bike and all alone.
b) The trucks were so fast on the dirt roads and didn't look out for bikers.
c) His tour lasted (for) six weeks.
d) He travelled hundreds of kilometres.
e) The nearest house, water or even tree can be far away.

2. a) The strong winds and the hot summer sun gave him such a bad eye infection and sunburn that he was almost blind for a few days. In the desert he nearly died of thirst and heat because he had lost some of his water bottles.
b) Hospitality is very important because the nearest house, water or even tree can be two hundred kilometres away.

Part 2

3. a) right   b) right   c) wrong   d) wrong

4. a) He is writing from Coral Bay on the western coast of Australia.
b) He went swimming and diving in the sea.
c) His swimming with whale sharks was no cause to panic because they are harmless and they don't eat meat.
d) He is running out of money.

C. Language

1. a) to   two   too
b) they're   their   there
c) to   by   in   at

2. ▶ Hello, can I help you?
▶ Room number 14 is free. Do you want it with breakfast?
▶ It's $10 a night.
▶ The room is to the left on the first floor. Have a nice stay.

D. Text Production

1. Write a letter.

"Explore Holidays"

Dear Sirs

I read about a holiday in Australia in your nice brochure and I would like to book a trip now. We can start on 15th August and we will be a party of five people. How much would the trip be for all of us? Can you also give me some more details about the hostels there? Some more information about the flight, the route, stops and so on would also be nice.
My e-mail address is petbear@t-online.de. I'm looking forward to getting your answer.

Yours sincerely
Peter Bear

2. Write a letter.

Hi Mike

Let me tell you about my latest holiday. I had booked a stay including bed and breakfast on a small farm in Kent two miles outside of Seven Trees. So it was no problem to get to the village for dinner in the excellent restaurant. A really nice country inn.
The farm has four guest rooms and they were all booked. I made friends very fast and we were having much fun together. We went sightseeing by bike or took the train to London in nasty weather. Sometimes we could even help on the farm.
If you're looking for a relaxing stay you're absolutely right there.

Best wishes
Bert

3. Creative writing

School-trips at the end of term are very popular with schoolchildren everywhere. Here is my report about our very special end of term trip to London: The so-called short walks in the city centre really were hard marches. The distances there are very long. But our teacher only smiled.
One evening we were allowed to go out in groups. But every time we found a place that looked interesting it said at the entrance that youths were off limits. When we told our teacher he only said that we had saved a lot of money.
And then the sightseeing. In every weather we had to go out and listen to endless stories about some old buildings. And the weather in London is not so nice every day.

A. Listening Comprehension

1. a) right b) wrong c) wrong d) wrong e) right

2.

Message 1:	Message 2:	Message 3:	Message 4:
a) 2 b) 3	a) 3 b) 1	a) 3 b) 2	a) 1 b) 2

3. a) sixteen b) she has made a film c) a teacher d) teenagers
e) several times f) way g) 9 months

B. Reading Comprehension

1. … an emergency.

2. … someone could steal your car here.

3. … shop for children.

4. a) … pupils. b) … fitness.

5. a) … mechanic. b) … one day a week.

6. a) … Indian restaurant. b) … vegetable dishes.
c) … don't pay for your first drink.

7. 1) b 2) d 3) e 4) c

8. a) "I burned it down," he said.
b) 1. wrong 2. right 3. right 4. wrong 5. wrong

C. Mediation

1. Die Übernachtung kostet £14.

2. Ja, das Frühstück ist inbegriffen.

3. Die Küste, die Landschaft, Hadrian's Wall, das größte Einkaufszentrum Europas und Whitley Bay.

4. Mit dem Bus.

5. Der letzte Bus fährt um 22 Uhr.

6. In die Disco gehen.

7. Nein, über Weihnachten ist geschlossen.

D. Language

1. are **2.** to **3.** were **4.** screaming **5.** His

6. to **7.** sang **8.** them **9.** me **10.** hours

11. listened **12.** is **13.** great

E. Text Production

1. Write a letter.

Dear Lisa

Our last school trip was a real adventure. As you can see from the photo we were on a boat trip down the Thames. The project was perfectly planned and prepared by Mrs Hiddens. We had to learn everything about the river, boating and rescuing before she allowed us to enter the boats. But with all the equipment! The life jackets make you look a bit fat but they give you a good feeling. When you look closely you can see that the river was a bit high, but no problem for us with our perfect training and Mrs Hiddens in the last boat. Are there any projects like this at your school?

Best wishes
Susan

2. Write an e-mail.

Hi Michael

Do you remember our skateboard workshop? One day in paradise for 10 €. For me it was worth every cent. I've never learnt so much about skating in such a short time. In the remaining two weeks of the holidays I tried to improve my Frontsides and Nose-Wheelies with the instruction booklet. As you can imagine, the first day at school really was a drag. No boards allowed, nothing to talk about – but the same old stories from the teachers. So what about a little warm-up? There's a new skate track in South Park, perfect Black Ice.
Tell me when and I'll be there.

See you soon.
Kenny

3. Write a letter.

Dear Sirs

I've heard of your listeners' contest. A brilliant idea. I would like to take part in it and win free tickets for an Amy Winehouse concert. My parents say that she's not the right idol for teenagers but I think she must have a very warm character because she can put so much soul in her songs. A good example is her latest hit "Back to Black", really a sad song but a big voice. Her concerts are often sold out and sometimes they are even cancelled. Your contest is a perfect chance for young fans and I hope I'll be successful. Then I could take my best friend Sarah with me .

With best regards
Julie Silver

A. Listening Comprehension

Part one

Text 1: The football club meets at 3.45.

Text 2: They are leaving from platform four.

Text 3: Kelly asks Trish to bring some strawberries.

Text 4: The roller coaster is closed because of bad weather.

Text 5: In the corridor, the pupils must not run.

Text 6: The library is opposite the post office.

Text 7: The city centre is straight on, left, over the bridge, then straight on.

Text 8: Visitors must not give food to bears.

Part two

name	Amanda
age	17 / seventeen
lives in	Manchester
hobbies (3)	dancing, playing the piano, cycling
favourtie food	chips and chocolate
weekend	part time job
music	(old stuff) (from the) 80s / eighties

Part three

a) ... is an immigrant.

b) ... Mexico.

c) ... driven in a truck.

d) ... he wanted to start a new life.

e) ... get a better education.

f) ... foreigners take their jobs.

B. Reading Comprehension

1. **Tick the right statement.**

   a) If you want to leave early, you must check out the evening before.

   b) Buy your ticket before getting on the train.

   c) In winter visitors must leave this place before it gets dark.

   d) On the second day you can ask for new towels.

   e) You are not allowed to smoke in the station.

2. Authors

name	year of birth	nationality	best book	awards
Morris Gleitzman	1953	**British**	Two weeks with the Queen	Australian Family Award
Markus Zusak	1975	**Australian**	The Book Thief	Deutscher Jugendliteratur-preis
Mal Peet	—	British	**Tamar**	Carnegie Medal
Judith Kerr	**1923**	British	**When Hitler stole pink rabbit**	—

3. The Family is Fine

a) … a young man who arrives at a new home.

b)

Ruth	
age	17
looks	slim face with brown eyes, long black hair
job	sales assistant in an electrical shop

The Fitzgeralds	
wedding year	1977
came from	Ireland

Alem's room	
where?	upstairs
things in room (3)?	TV
	computer
	many books

C. Mediation

1. Sie wird von englischen Snowboardern gemacht.
2. Es gibt Mitgliedsermäßigungen.
3. Man kann einen Terminkalender und eine Anleitung zum Erlernen des Snowboardens abrufen.
4. Sie kostet £15.
5. Nur bei der Familienkarte ist die Versicherung im ersten Jahr dabei.
6. Es gibt in Großbritannien Kunstpisten.
7. Man kann sich ein Online-Magazin herunterladen.
8. Es ist kostenlos.
9. Es wird überall auf der Welt gelesen.

D. Language

1. a day	**2.** visit	**3.** don't	**4.** stay	**5.** heart
6. enjoy	**7.** music	**8.** Watch	**9.** are	**10.** films

E. Text Production

A

1. Lisa Krüger invites you to her party. It will be at 8 p.m. on Saturday. The address is Kiefernweg 3. She would like you not to bring any alcohol, but a salad would be very nice. But it's not a must. It depends on your skills.

2. Dear Betty

I'm awfully sorry but I forgot to send you a card for your birthday two weeks ago. I simply forgot it because I was working very hard for the final exams. Congratulations on your birthday now, therefore. Please forgive me.
I wish you all the best for the coming year.

Love
Sandra

B

Dear Conrad

On Sunday we had nice weather at last. So we decided to explore the lake near our campsite. At 9 am we cycled to the lake. We hired a boat and set out on a cruise along the shore. After two hours we had to give the boat back. Then we took the same route and cycled along the shore. We were much faster but it was also a bit tiring. So we had a break at a place called Farmer's Bay. We had a good long picnic in the shade of some old trees. At 3 pm on the way back I had a flat tyre just 2 miles away from the campsite. As I didn't feel like repairing the bike on the way, I pushed it to the campsite and arrived half an hour later. Jerry accompanied me and we found this little walk very relaxing after the cycling tour.

Yours
David

Weitere Aufgaben + Lösungen:
www.pauker24.de

A. Listening Comprehension

Part one

Announcement 1:	… 13.45.
Announcement 2:	… 12.
Announcement 3:	… shorts.
Announcement 4:	… a bus.
Announcement 5:	… second lesson.

Part two

Conversation 1:	… electrical problems.
Conversation 2:	… in the bed.
Conversation 3:	… turn right.
Conversation 4:	… write an e-mail.
Conversation 5:	… a DVD.

Part three

1.

true	false
	X
	X
X	
	X
	X

2.
- ▶ The boy's name is Collin Kavanagh.
- ▶ His telephone number is 9067528.
- ▶ His birthday is on 02 February 1994.
- ▶ He is Canadian.

3.

true	false
X	
	X
X	
X	
	X

B. Reading Comprehension

1. Wikipedia: Knowledge by the people, for the people

a) **Answer the questions.**
- ▶ You find information about almost everything in Wikipedia.
- ▶ Wikipedia started in 2001.
- ▶ Jim Wales and Larry Sanger invented Wikipedia.
- ▶ "Wiki" is the Hawaiian word for "quickly".
- ▶ There is wrong information in some articles.
- ▶ You can get information from Wikipedia in more than 250 languages.

b) **Complete the sentences with a word from the text.**
search – enormous – simple – errors – vandalism – employees

2. Texting

a) **Who said that?**

D
B
G
H
C

b)

true	false	not in the text
	X	
	X	
X		
X		
	X	
X		
X		
		X

C. Mediation

1. Sie können das Musical von Montag bis Donnerstag jeweils um 19.30 Uhr und am Freitag und Samstag um 15.00 oder um 19.30 Uhr besuchen.

2. Die Vorstellungen von Montag bis Donnerstag kosten £60 und die Vorstellung am Freitagabend und beide Samstagsvorstellungen kosten £62.50.

3. Man kann Eintrittskarten telefonisch oder online bestellen.

4. Sie müssen an der Station Covent Garden aussteigen.

5. Das Musical dauert einschließlich Pause zwei Stunden und 25 Minuten.

6. Unterkunft und Theaterbesuch können zusammen gebucht werden.

7. Der Film stammt aus dem Jahr 1987.

8. Patrick Swayze und Jennifer Grey spielten die Hauptrollen.

9. Die Anlage heißt Kellerman's.

10. Die Geschichte spielt im Jahr 1963.

D. Language

1. **Tick the correct word.**
   a) yesterday   b) some   c) angry   d) where   e) went
   f) anywhere   g) must   h) most modern   i) is she going   j) children

2. **Say it in English.**
   a) When does the next train to Bristol leave?   b) How much is a ticket?
   c) Where does the train leave (from)?   d) Can I take my bicycle with me?
   e) Is there a baker's or a restaurant in the station?

E. Text Production

Part A

A visit to Germany

Hi Michael

Let me tell you about my family first. We are five members in the family: mum, dad, my elder sister Carol and my younger brother Alan. Carol is 18 and Alan is only 9. Daddy is a vet. So we have a lot of animals and pets in the family, too.

At the moment the weather in Germany is rather nasty. The weathermen say we have the coldest springtime ever with very low temperatures and a lot of rain, sometimes even snow. So you better bring some warm pullovers and a good pair of boots.

Carol and I go to the local grammar school. I have a rather crowded time-table with lessons in the afternoon on Monday, Tuesday and Thursday. We have a short break at 10.30 am and we can have lunch at school after 1 pm. Afternoon lessons start at 2 pm. From all the subjects I like Geography and History most because I'm interested in our beautiful landscape here. In my free-time I often take part in projects about my home-town and its surroundings. But I also enjoy skating and riding my bike.

Greetings